KB267282

바보 아빠 탁경운의 가족 소통 프로젝트

나의 **직업**은 **아빠**입니다

바보 아빠 탁경운의 가족 소통 프로젝트

나의 **직업**은 **아빠**입니다

1판 1쇄 인쇄 | 2015년 6월 15일
1판 1쇄 발행 | 2015년 6월 20일

지은이 | 탁경운
발행처 | 고즈윈
발행인 | 고세규

신고번호 | 제300-2005-176호
신고일자 | 2005년 10월 14일

주소 | (121-896) 서울특별시 마포구 동교로13길 34(서교동 474-13)
전화 | 02-325-5676
팩스 | 02-333-5980

기획 | 출판기획전문(주)엔터스코리아

ISBN 978-89-92975-87-2 13370

바보 아빠 탁경운의 가족 소통 프로젝트

나의 직업은 아빠입니다

탁경운 지음

고즈윈
God'sWin

고도원
아침편지 문화재단 이사장

세상에서 가장 가깝고 소중한 존재가 가족이다. 여기에 의문을 가질 사람은 없을 것이다.

누구나에게 가족은 최고의 보금자리이자 최후의 바람막이지만 현실은 그렇지 못한 듯하다. 소통이 어렵기 때문이다.

가정은 있지만 가족이 없고, 가족은 있으나 소통이 없는 기이한 세상을 우리는 살고 있다.

아이와 부모, 남편과 아내 저마다 분주한 시간으로 정작 중요한 것을 잊고 산다. 그래서 소통의 적절한 타이밍을 지나치거나 놓치고 만다.

아빠는 치열한 생존경쟁에서 살아남기 위해 사회 속으로 사라지고, 아이와 엄마는 방향키를 잃은 듯 이리저리 표류를 하게 된다.

저마다 행복의 파랑새를 찾으러 밖으로 나서지만, 정작 파랑새는 밖에 아닌 집에 있었다.

등잔 밑에 행복의 열쇠가 버젓이 있는데 이를 놔두고 엉뚱한 곳에서 여기저기를 뛰어다니는 모습과 다름없다. 안타까운 현실이다.

상처의 시작과 불통의 원인이 나와 내 가정에서 시작되었듯이 그 해결책 또한 내 가정에서 나 스스로의 변화로 되찾을 수 있음을 이 책은 말해주고 있다.

매듭은 얽힌 곳에서 풀어야 한다.

당신의 공허한 마음을 채울 수 있는 곳은 다름 아닌 가정이다. 바로 가족들이 그 주인공이다.

내가 이 책을 추천하는 이유는 여기에 있다.

이 책은 이론서가 아닌 완벽한 실천의 결과물이다. 막혔던 소통을 뻥 뚫어줄 수 있는 실질적이고도 실천적인 실마리를 제시한다.

저자 탁경운 씨(민형, 민지, 현우 아빠)는 자신의 가정의 원활한 소통을 위해 남들이 생각만으로 그칠 수 있는 많은 방법들을 손수 개발하여 꾸준히 실천해 오고 있다.

입으로만 말하는 것이 아닌 손과 발, 그리고 마음으로 이룬 행복의 퍼즐 조각들이다.

이 책에 소개된 구체적 소통의 방법들은 하나같이 쉽고 재미나다. 어느 가정에나 적용해볼 수 있는 소통 채널로서의 면모를 유감없이 발휘하고 있다.

탁경운 씨가 여느 아빠들보다 가족 소통에 노력을 기울인 이유는 아버지에 대한 기억이 없기 때문이기도 하다. 아버지는 그가 태어난 지 3개월 만에 돌아가셨다.

인생에서 빼놓을 수 없는 존재인 아버지를 '경험'해보지 못했기에 그는 아버지의 존재를 더 절실히 느꼈을 것이다. 그리고 그는 나름대로 아버지의 역할을 정립하고 실천했다.

이 책에는 그의 절절한 노력이 응축되어 있다.

이 책을 읽다 보면 분명 당신의 가족에 맞는 소통의 방법과 지혜들이 퐁퐁퐁 샘물처럼 솟아날 것이다. 이 책의 모든 소통 방법들은 숙제가 아닌 놀이에 가깝기 때문이다.

늦지 않았다. 지금부터 시작이다.

이 책을 펼쳐보라. 그리고 곁의 가족을 바라보자.

현재 상황이 어떠하든 당신의 가족은 당신에게 가장 소중한 존재다. 끊임없는 가족 소통은 당신과 당신 가족의 빈 마음의 공간을 촘촘하게 채워줄 것이다. 세상을 살아가는 데 가장 강력한 힘이 될 것이다.

오늘도 가족을 위해 땀을 흘리는
이 땅의 아버지들에게 바칩니다.

조금만 더 행복해지자

부고를 전해 듣고 장례식장을 찾는다. 조문을 마치고 나면 상주는 의례히 밥 한 끼를 대접하며 고인이 어떻게 돌아가셨는지를 설명해 준다. 상주와 비교적 가까운 사이라면 돌아가시기 며칠 전부터 고인이 하셨던 행동에 대해, 그리고 마지막에 어떤 유언을 남기셨는지, 평소에 무엇을 강조하셨는지도 비교적 세세히 전해 듣게 된다. 사람의 생사와 관련된 진심을 간접 경험할 수 있는 적지 않은 기회다.

나이 50이 가까워 오기도 하거니와, 일의 성격상 조문을 갈 기회가 많아 매우 관심을 가지고 조문 순간을 접하게 된다. 죽음에 직면한 그들이 세상을 뜰 때 한결같이 한 말에 어떤 공통점이 있는지 나는 알고 있다.

그들 가운데 단 한 사람, 2013년에 교통사고로 즉사해서 어떤 표현을 할 시간조차 허락되지 않았던 육촌 조카를 빼고서 죽음에 이른 모든 사람들은 한결같이 그 마지막 순간에 가족을 떠올렸다. 가족 한 사람 한 사람에게 식구들과 화목하기를 당부하거나, 특정 자녀에게 가족의 안위를 부탁하거나, 가족들과 좀 더 시간을 보내지 못한 자책을 하기도 하고, 미안한 마음을 전하기도 했다. 그들은 결코 세계 평화나 국가 안위를 묻지 않았으며, 지구 물 부족 문제나 쓰레기 문제를 거론하지도 않았다. 사형을 당하는 어떤 사형수가 마지막에 한 부탁 역시 "우리 어머니를 가끔 들여다봐 줘요."였다고 한다. 누군가의 가족을 죽여 놓고도 마지막 순간에는 자기 가족을 부탁할 수밖에 없음이 어쩔 수 없는 사람인 것이다.

이처럼 사람들이 한 유언은 아주 가까이 있는 사람에 대한 걱정들이었다. 이는 엄연한 사실이기에 나는 믿지 않을 수 없다. 이 세상에서 가장 소중한 존재가 바로 가족이라는 사실을…….

우리 삶은 가족과 함께 이루어지고 있고, 그래야만 한다. 하지만 현실은 녹록지 않다. 새벽녘에 밥 한술조차 뜨지 못하고 일을 나서는 가장들! 하루 종일 거래처나 상사 또는 부하 직원이나 일 자체에서 받은 스트레스로 소금에 절인 파김치가 되어 버린 듯한 이 시대의 가장들! 마음은 굴뚝같지만 일주일 가운데 단 한 시간의 취미활동도 꾸준히 지속할 수 없는 대한민국의 아빠들! 일주일에 스물한 번이나 먹는 삼시 세끼 가운데 단 두세 번도 가족과 식사하지 못하는 가장들!

가족의 생계를 책임져야 하는 책임감 때문에 하루 종일 전쟁터를 누비는 이 시대 가장들이 마음속 깊이 꿈꾸고 있는 행복을 찾았으면 좋겠다. 가족과 마음을 나누며 소소한 일상을 이야기하고 정을 주고받는 하루를 지냈으면 좋겠다. 우리 한 사람 한 사람이 행복해지고 한 가정 한 가정이 화목해지는 가장 효율적인 방법, 이 사회가 건강하고 따뜻해질 수 있는 유일한 길이 바로 가정을 가정답게 되살리는 것이라고 나는 확신한다.

"무엇 때문에 이렇게 열심히 일하십니까?"라는 질문을 한동안 수백 명에게 하고 다녔다. 그들의 한결같은 대답을 정리하면 이렇다. 가족의 윤택한 생활, 걱정 없는 노후, 자녀에게 든든히 뒷바라지하기, 개인으로서 하고 싶은 욕구 충족……. 이렇듯 간단하고 쉬워 보이지만 풀리지 않는 문제들을 해결하고자 자본주의 사회에서는 마법 열쇠와도 같은 '돈'을 좀 더 많이 벌려고 하고, 보수를 받기 위해 어쩔 수 없이 가족과 가정을 일 다음 순위로 당분간 둘 수밖에 없다고 사람들은 말한다. 자신과 가족이 행복하고자 일하는데 결국 그 때문에 자신과 가족이 뒷전으로 밀려나는 현실. 참 아이러니하지 않은가.

잠깐 모든 일을 멈추고 아주 찬찬히 냉철하고도 깊이 있게 살펴볼 대목이다. 사회적 모순이나 구조적 시스템을 모르는 바 아니지만, 그러한 점들을 논하기에는 내 지식과 경험이 일천하기에 가정 안에서 가장이 할 수 있는, 조금만 바뀌어서 실천할 수 있는, 내가 바뀌어 가정이 바뀐 실질적인 차원으로 이 책을 준비했다.

이 책에는 학문적인 정의나 격조 높은 미사여구들은 되도록 배제했다. 전공자도 아니거니와 그러한 명함을 가지고 있지도 않기에, 그저 길다면 긴 18년이라는 시간 동안 가족에 대해 내가 가지고 있는 단순한 생각을 겁 없이 실천으로 옮겼던 경험을 위주로 기술했다. 물론 가족과 소통하려는 내 실험은 지금도 계속 현재진행형임에는 분명하지만, 편린 같은 내 경험들이 우리네 가정을 가정답게 만들고, 가족을 가족답게 만들어 이 시대를 사는 가장들이 지금보다 조금만 더 행복해질 수 있다면 바랄 것이 없다. 아울러 지금 내가 누리는 행복이 있기까지 알게 모르게 도와주고 지원해 주고 믿음으로 일관해 준 수많은 내 지인들께 감사함을 전하고 싶다.

끝으로 꼭 한 번 보고 싶은 내 마음속 아버지에게 가장 먼저 이 책을 전해드리고 싶다. 더불어 내 목숨과 바꾸어도 전혀 아깝지 않은 어머니와 평생 동반자인 아내 준, 그리고 우리 부부의 분신인 민형, 민지, 현우에게 이 책을 선사하고자 한다.

2015년 봄

탁경운

추천사
프롤로그: 조금만 더 행복해지자

Part. 1

지금 행복한가?

행복, 대체 그게 뭔데? 17 · 한 집 살아도 '진짜 가족'은 아닌 우리 20 · '을'의 설움을 집안에서 풀다 25 · 썰렁한 가족, 온기 팍팍 감도는 가족 만드는 소통의 힘 30

Part. 2

지지고 볶고 사랑하며 살기 위한 기초공사

바보야, 문제는 바로 나야! 39 · 가족 소통 위해 직업을 바꾸다 49 · 아빠의 가정五육 54

Part. 3

'집구석'이 'Sweet Home'으로 대변신!

눈높이 소통, 손톱 깎기 67 · 집안의 대소사, 가족회의 75 · 행복 충전, 가족식사 86 · 가족 비타민, 아빠 요리 92 · 가족 스킨십, 생일 세족 101 · 아빠의 양육 참여, 아빠 놀이 107 · 같은 책 다른 느낌, 가족 독서 114

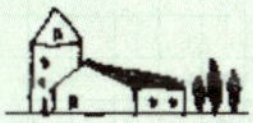

Part. 4

바깥으로 나가니 마음 문도 열리더라

바깥 놀이의 즐거움 123 · 1:1 교감의 백미, 가족 산행 128 · 즐거운 일탈, 아내의 날 137 · 가정도 회사처럼, 가족 워크숍 141 · 혼자는 힘들어, 가족 운동 145 · 우리는 하나, 가족 생일 150 · 최고의 현장학습, 가족 여행 155

Part. 5

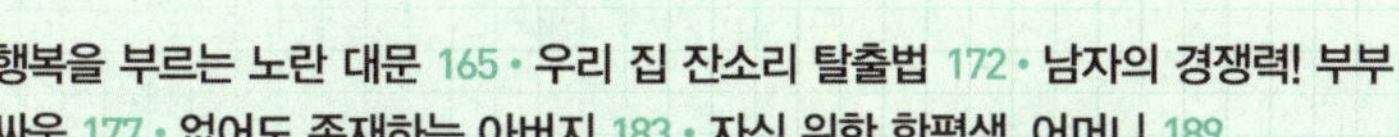

우리 가족 이야기

행복을 부르는 노란 대문 165 · 우리 집 잔소리 탈출법 172 · 남자의 경쟁력! 부부 싸움 177 · 없어도 존재하는 아버지 183 · 자식 위한 한평생, 어머니 189

바보 아빠 필살기 I. 가족회의 진행 양식 196 · 가족회의 발언록 197
바보 아빠 필살기 II. 아빠 요리 레시피 202
바보 아빠 필살기 III. 바로 써 먹는 아빠놀이 214
바보 아빠 필살기 IV. 우리 집 가족 산행지 225

Part.
01
지금
행복한가?

행복,
대체 그게 뭔데?

{ 왕이건 농부이건 자신의 가정에 평화를 찾아낼 수 있는 자가
가장 행복한 인간이다. -괴테 }

2011년 1월, 미국에서 발표된 통계국(Census Bureau, 우리나라 통계청과 비슷) 통계에 따르면 전 세계 인구는 68억 9,137만 1,434명에 이른다고 한다. 2015년이 지나가고 있는 현재는 이미 70억 명이 훨씬 넘었을 것이다.

이 사람들 모두가 행복이 무엇인지를 각자 생각한다면 행복에 대한 정의는 70억 개가 넘는 것이다. 그들 각자가 생각하는 행복이란 무엇일까? 당신이 생각하는 행복이란 무엇인가? 당신은 어떤 행복의 정의를 가지고 하루하루를 살아가는가?

수년 전에 나는 2박 3일 동안 어느 캠프에서 눈물 테라피 강의를 듣던 중 행복에 대한 어떤 정의를 접하게 되었다.

이 말을 듣는 순간 가슴에 뭉클함이 솟구쳤다. 참으로 진부하고 누가 봐도 폼 안 나는 정의였지만 나는 온몸에 짜릿한 전율을 느꼈다. 우리에게 가장 가까운 사람들이란 바로 가족이다. 가장 많은 시간을 함께 보내는 회사 동료나 친인척, 이웃사촌도 가까운 사람들이다. 아이들에게는 학교나 학원 친구들이 그러할 것이다. 그러나 그 누구보다도 가까운 존재는 다름 아닌 가족인 것이다.

우리는 하루 종일 많은 이슈에 시달리고 마음을 쓰면서 살지만 사실 그것들이 내 삶에 직접적인 영향을 주지는 않는다. 회사 업무가 다소 꼬여도 시간이 지나면 해결될 문제이고, 시사 뉴스로 기분이 상해도 나하고 특별히 관련은 없다. 오바마와 김정은이 사이가 안 좋다고 해서 내 행복이 흔들리지는 않는다. 나와 상관없는 먼 섬나라에서 지진이 일어나 수천 명이 죽는다 하더라도 측은지심이 발동할지는 모르지만 내 행복을 앗아가지는 않는다.

내 인생에 큰 영향을 미치지 않는 이슈에 시간과 마음을 쓰기보다 나와 가장 가까운 가족 문제에 마음을 써 본다면 어떨까. 오늘 아침 말다툼을 하고 얼굴을 붉히며 학교로 간 자녀와 대화를 하고, 출근 준비하느라 제대로 인사도 못한 아내 얼굴을 한 번 더 바라보는 것이다.

가족 사이에 이어져 있는 끈끈한 유대와 조건 없는 사랑은 구성원들에게 살아갈 힘을 준다. 아이들이 보이는 천진난만하고도 티 없는 아빠에 대한 믿음을 피부로 느낄 때 아무리 힘든 일이라도 얼마든지 견뎌 낼 수 있었던 경험이 많은 아빠에게 있을 것이다.

나는 '가까운 사람들과 친하게 지내기'라는 행복에 대한 정의를 가
슴 깊이 받아들였다. 그 뒤부터 많은 정신적 갈등이 해소되었고, 엉킨
실타래 같던 문제들이 서서히 풀려 나갔다. 행복이라는 파랑새는 멀
리 있지 않다는 사실을 조금씩 경험할 수 있었다.

아울러 내 행복 찾기 여정에 지대한 영향을 미쳤던 또 한 가지 정
의가 있다. 내 꿈의 멘토이자《꿈 너머 꿈》으로 유명한 아침편지 주인
장 고도원 님이《나무는 자신을 위해 그늘을 만들지 않는다》에서 밝
힌 행복 정의다.

자신이 꿈꾸는 일을 위해 열심히 노력하기 시작함이 바로 행복이다.
꿈을 꾸고 있는 모든 시간이 바로 행복이다.

나는 가족과 사랑하면서 소통하며 지내기 위해 열심히 노력해야겠
다고 다짐했다. 이것이 바로 내가 꿈꾸는 행복이었다. 가족 소통은 이
러한 관점에서 시작하게 되었다. 아름다운 무언가를 보았을 때, 맛난
음식을 접했을 때, 놀랍고 경이로운 소식을 접했을 때 사랑하는 가족
을 떠올리며 함께 공유하는 일상을 살아가자는 것이다. 가족 소통이
야말로 우리가 행복으로 향할 수 있는 가장 강력한 마스터키라고 확
신한다.

Chapter. 2

한 집 살아도
'진짜 가족'은 아닌 우리

{ 정다운 내 집이 없다면, 온 세상이 커다란 감옥에 지나지 않는다.
– 카울리 }

'세상에서 가장 소중한 것은 무엇인가?'

이 질문에 대한 다양한 대답들 가운데 단연코 대다수를 차지하는 답은 '가족'일 것이다. 하지만 일상적인 가족의 모습은 어떠한가? 이른 아침에 일어난 아빠는 부리나케 씻고는 아침밥도 못 먹고 회사로 나간다. 곧이어 엄마가 아이들을 깨우고 학교 갈 준비를 시킨 뒤 아이들에게 간단한 아침을 차려 주고는 집을 나선다. 다들 각자의 위치에서 정해진 역할을 수행한다. 저녁이 되었지만 가족은 집에 모이지 못한다. 아빠는 업무의 연장으로 회식이나 거래처와의 약속에 충실히 참여한다. 아이들은 학원과 과외를 돌며 소금에 절인 배추가 되어 늦은 밤이 되어서야 귀가한다. 엄마는 집안 청소에, 밀린 빨래에 정신이 없다. 다들 열심히 산다는 점에서는 전혀 이상하지도, 잘못되지도 않았다.

주말이 되어 어쩌다 함께 밥상에서 마주한 가족들은 시시콜콜한 주제 하나로 말다툼을 벌이기 일쑤다. 서로가 생각하고 정리하고 처리해야 할 각자의 일들이 머릿속에 너무 많다. 부모가 쏟아 내는 밀린 주문들이 자녀들에게는 먹히지 않는다. 말꼬리 하나를 물고 늘어지며 지루하고도 비생산적인 말다툼 끝에 각자 방으로 들어가 버릴 때가 많다. 그러고는 각자 방에서 생각한다.

'왜 우리 엄마, 아빠는 나를 이해해 주지 못하는 것일까?'

'왜 우리 아이들은 다른 집 아이들과는 달리 자기들 잘되라고 하는 말을 왜곡해서 듣는지 몰라!'

초등학교 시절에 선생님이 장래 희망을 물었다. 대통령도 있었고 의사, 변호사, 간호사, 부자 등 다양한 희망들이 쏟아져 나왔다. 그 와중에 단 한 명이 "그냥 아버지요!"라고 대답해서 아이들의 손가락질과 더불어 교실이 웃음바다가 되었다. 그 아이가 바로 나였다. 어느 누구도 '아빠'를 장래 희망이나 꿈이라고 생각하지 않았기에 아이들은 웃음을 터트렸던 듯하다. 아이들의 대답을 다 듣고 난 선생님께서 말씀하셨다. "평범한 사람이 되기가 가장 어려울걸!"

그때는 그 뜻을 전혀 알 수 없었다. 결혼을 하고 아이 셋을 기르며 아내와 셀 수 없는 다툼을 하고 홀어머니와 함께 살면서 이제 나이 50을 마주하니 조금은 알 것 같다. 소소한 문제야 셀 수 없이 많더라도 큰 문제 없이 살기가 얼마나 힘든 일인가? 문제 없는 가정이 어디 있으며, 크나큰 굴곡을 겪어 보지 않은 가족이 또 어디 있겠는가?

아무런 문제 없는 평범한 가정! 가족이 함께 모여 아침 식사를 하

며 서로 격려하고 관심을 가져 주고 각자 위치에서 맡은 바 역할을 충
실히 수행하며 저녁이면 모두 집으로 돌아와 함께 저녁을 먹으면서
그날 일어났던 일들을 화기애애하게 이야기할 수 있는 가정! 가족끼
리 감정 균열이 없어 주말이면 즐겁게 나들이를 하고, 이곳저곳 경조
사를 다니면서 관계를 쌓고, 아이들은 공부를 그럭저럭해서 자신이
그토록 원했던 학과에 진학해 즐거운 공부에 심취하고 곧 자기 역량
을 펼칠 수 있는 곳에 취직을 해 신바람 나게 일을 한다. 생일이나 특
별한 시험날 같은 적절한 타이밍에 가족에게 관심을 가져 주고, 명절
이면 일가친척이 모여 이야기꽃을 피우면서 행복을 가꾸어 나가는 이
러한 가정이 과연 몇이나 될까 자못 궁금하다.

대한민국의 자살률은 2000년에 인구 10만 명당 13.6명이던 것이
2010년에는 33.5명, 2011년 33.3명, 2012년 29.1명으로 최근 소폭
하강세를 보이기는 하지만, 10년째 여전히 OECD 국가 가운데 1위
라는 오명을 굳건히 지켜 나가고 있다. 세부적인 자료를 보더라도 청
소년 자살률과 노인 자살률이 OECD 국가 가운데 으뜸을 차지한다.
40~50대 남성 가장들의 파산과 자살률 또한 거침없는 증가세에 놓
여 있다.

이들은 왜 자살을 할까? 이들은 어디에서 상처를 받았고, 어디에서
위로를 받아야 할까? 상당히 많은 사람이 다름 아닌 가족에게서 깊은
상처를 받는다. 부모에게서 직접 받은 상처일 수도 있고, 부부 사이나
형제자매 사이에 상처를 받기도 한다. 때로는 생업이나 이혼 때문에
가족들이 멀리 떨어져 살면서 외로움을 느끼기도 한다. 이러한 모든
뼈아픈 경험은 마음속에 지워지지 않는 상처로 자리매김한다. 중요한

사실은 가족에게서 받은 상처는 가족에게서 위로받고 치유할 수 있다는 점이다.

수없이 많은 사람이 인사말로 잘 살아 보자고 입버릇처럼 이야기한다. 실제로도 우리는 잘 살아야만 한다. 우리는 사랑받기 위해 태어났다는 가스펠송도 행복하지 못한 현실을 반영해 우리가 잘 살아야 함을 단적으로 표현해 주었기에 많은 사람이 사랑하는 대중적인 노래가 되었으리라!

지금 우리가 살고 있는 이 사회는 커다란 모순을 안고 있음이 분명해 보인다. 음악 CD를 잔뜩 사거나 다운받아 놓았지만 정작 감상할 시간이 없어 유행이 지나가 버린다. 등산화와 운동화가 여러 켤레 있지만 정작 산에 갈 시간적 여유가 없고, 운동할 심리적 여백이 없다.

국민소득이 2만 달러를 넘어선 지 오래다. 옛날을 회상한다면 전반적으로 풍요로워졌음은 분명하다. 부익부 빈익빈을 차치하고라도 일반적인 우리네 삶은 물질적으로 분명 윤택해졌다. 이렇듯 풍요로운 재화와 서비스를 소유하게 되었지만 누구를 막론하고 한 사람에게 주어진 시간은 하루에 정확히 24시간뿐이다. 결코 늘어나지 않은 시간 속에 할 일은 많아졌고 바빠졌다. 이 사실은 대단히 중요한 대전제로 인식되어야 한다. 물질적으로 풍요로워졌지만, 시간적으로는 가난해지고 있는 것이다. 사람들은 시간의 빈곤을 물질로 대체하고 있다. 부모님을 찾아가 이야기 나누지 못하고 이따금씩 온라인으로 용돈을 송금하는 데 만족하고 있다. 자녀와 함께 놀아 주지 못하는 미안함을 값비싼 장난감으로 대신하려 한다. '물질 만능 시대'에 대한 문제점도 사실은 시간 부족과 정서 결핍이 근본 원인이 아니겠는가.

우리네 행복은 물질적인 면도 중요하지만, 정신적인 면도 빼놓을 수 없다. 마치 동전의 양면과도 같이 정신과 물질이 적당한 균형과 조화로 함께 공존해야 한다. 우리는 한 면만 가지고 있는 동전을 돈으로 인정하지 못하듯, 물질과 정신 가운데 어느 한쪽이 결핍된 경우 행복한 사람으로 보기 힘들다. 정신이 물질을 대체할 수 없고, 물질 역시 정신을 대체할 수 없다. 정서적인 필요는 그것으로 채워야 한다. 부모의 사랑이, 가족 간 사랑이 결코 물질만으로 상징될 수 없는 것이다. 부모로서 자녀를 풍족하게 키우고 싶은 마음은 매한가지지만, 보이지 않는 것에 더 신경을 써야 한다.

오늘날은 가족은 존재하지만, 소통은 부재한 시대다. 소통을 한다고 해도 아주 기본적인 일상을 나눌 뿐 속 깊은 대화를 하는 가족은 많지 않아 보인다. 알맹이 있는 소통을 하기 위해서라도 방법과 시스템이 필요하다. 처음부터 쉽지는 않겠지만, 소통 방법을 함께 나누고 개선하면서 몇 차례 시행착오들을 거듭하다 보면 어느 순간 정말 힘이 되는 가족의 존재를 마음 깊이 받아들일 수 있게 될 것이다.

또한 가족 소통의 주체는 다름 아닌 아빠여야 한다. 생존을 위해 사회 속으로 사라졌던 아빠들이 주체적으로 나서서 자기 자리를 되찾고, 원활한 가족 소통을 회복해 가족 문화를 바로잡아야 한다. 이것이야말로 우리가 진정 행복해질 수 있는 지름길이자 사회에 기여할 수 있는 가장 멋진 방법인 것이다.

Chapter. 3

'을'의 설움을
집안에서 풀다

가족 가운데 중심에 있던 아빠라는 존재는 아웃사이더가 되어 버린 지 오래다. 사실 대한민국 아빠들은 위대하지만, 다른 한편으로는 불쌍하기 짝이 없다. 아빠들은 어느 누구보다 특별한 무한의 책임감으로 자녀 교육과 양육 자금을 벌기 위해 사회 속으로 뛰어들었다. 끝이 없어 보이는 전쟁에서 왜 싸워야 하는지도 모른 채 위에서 내리는 명령에 따라 총을 쏘고 포탄을 피하며 전진하는 군인이 아니고 무엇이겠는가.

바깥에서 워낙 긴 시간을 보내다 보니 집에 있을 시간은 별로 없다. 한 가장이 가정에 머물러 있는 시간은 얼마나 될까? 하루 근무시간을 9시간(오전 9시 ~ 오후 6시)으로 잡고 출퇴근 2시간을 더하면 최소 11시간, 여기에 평균 2시간 정도 되는 야근이나 회식을 더하면 13시간을 바깥에서 일과 보낸다. 이것도 좋은 직장일 경우다. 집에서 가족과 보낼 수 있는 시간은 11시간이나 되는 듯하지만, 여기에 6~7시간의 수면 시간을 빼면 4~5시간이 남고, 세수와 배변, 식사 같은 생리적 욕구 해결과 출근 준비에 필요한 1~2시간을 빼고 나면 겨우 2~3시간이 남는다. 우리는 하루에 이 2~3시간 남짓한 시간만 가족과 지낼 수 있는 것이다. 하지만 모든 식구가 같은 활동 주기를 가지고 있지 않기에 공통분모를 만들어 내는 시간은 아예 없거나 1~2시간이 고작이라는 계산이 나온다. 이 짧은 시간 동안 아빠들은 무엇을 하고 있을까?

아빠들은 사회생활에서 많은 스트레스를 받는다. 갑의 입장이 아니라 거의 대부분 '을'의 입장에서 일하기 때문이거나, 어떤 형태로든 고객 상대와 소통을 하기 때문일 것이다. 고객과 영업 사원 관계일 수도 있고, 상사와 부하 직원 관계일 수도 있다. 또한 동료끼리의 알력일 수도 있다. 그래서인지 밖에서 사람들을 대하는 태도는 무척이나 상냥하고 친절하다. 김태홍 감정노동연구소장이 주장하는 '감정 노동을 피해 갈 수 없는 고달픈 시간'을 보내는 것이다.

그런 만큼 집으로 돌아가면 쉬고 싶은 것이 인지상정이다. 밖에서 알게 모르게 억눌리며 지냈기에 집에서는 거의 왕이나 다름없는 권위와 심리적 우월감을 갖고 싶어 한다. 때로는 무법자를 연상시킨다. 가족이 편해서일 것이다. 비논리적이고 비합리적으로 가족의 희생을 강요할 때도 있으며, 가정 폭력으로까지 번지는 경우도 더러 있다. 텔레비전 리모컨 소유권이 그 단적인 예가 될 수 있다. 살림과 육아는 당연히 아내 몫으로 치부해 버리고 집에서는 그저 쉴 수 있는 특권을 가진 것이다.

많은 아내가 남편에게 요구한다. 제발 밖에서 하는 만큼의 10분의 1만이라도 집에서 하면 무척 좋을 것 같다고. 다른 사람을 만나면 그렇게 친절하고 논리적이며 배려하는 남편이 왜 가족을 대할 때는 무식이 철철 흘러넘칠 정도로 비상식적이며 비논리적이고 때로는 폭력적이기까지 할까?

안타까운 현실이다. 나는 한국 남성 가장들이 밖에서 받는 스트레스를 같은 동지로서 인정하지 않을 수 없다. 하지만 밖에서 받는 스트레스가 아무리 크다고 해도 가족들에게 무관심하거나 무소불위의 권력을 휘두르는 행위가 당위성을 가짐은 절대로 아니다. 가장 이상적인 아버지는 일도 즐기고 가족과의 소통도 즐기며 집안일도 즐겁게 거들어 주고 아이들 양육에도 깊이 참여하는 것이다.

이 말에 남자들은 고개를 절레절레 흔들고 말 것이다. 마치 행복한 가정을 위해 내 한 몸 완벽히 희생만 하라는 이야기로 들릴 수도 있을 테니 말이다. 하지만 그렇게 시도해 보았느냐고 거듭 묻고 싶다. 진실로 밖에서 하는 태도와 행동의 10분의 1만이라도 상냥하고 친절하게 아내와 소통하고 자녀에게 관심을 가져 보자. 혁명과도 같은 즐거운 변화가 소용돌이처럼 집안에 몰아칠 것이다. 가정에 관심을 가지는 행동은 아빠 자신이 느끼는 행복감에도 매우 긍정적인 효과를 준다는 사실을 해 본 사람은 분명히 알 것이다.

아직까지 설거지를 한 번도 안 해 본 아빠들이 있을 것이다. 남아선호사상을 거들먹거리지 않더라도 이제는 시대가 바뀌었다. 시대 흐름을 역행하기는 힘든 법이다. 남자가 치마를 두르라는 이야기가 아니다. 가사와 양육에 적극적으로 참여하는 기쁨을 맛보기를 권유하는 것이다. 그렇게 했을 때 아빠 스스로가 느끼는 행복감이 배가될 뿐만 아니라 기쁨과 소통을 이루었다는 만족감은 말로 표현하기 힘들 정도로 크게 와 닿는다. 설거지를 한 번도 해 보지 않은 아빠가 어느 날 아내가 시키지도 않았는데 자발적으로 설거지를 하는 모습을 상상해 보라. 가족들이 느낄 기분과 신선한 충격, 가정 안에서 일어날 커다란 변화를 감지하게 될 것이다. 아주 자그마한 시도이지만, 아내는 더 큰 서비스로 보답할 것이다. 자녀들은 아빠의 적극적이고 능동적인 변화에 신뢰하는 시선을 보낼 것이다.

남자들에게는 미묘한 감정이 있어서 자기 집 일은 귀찮아하며 형광등 가는 일도 한없이 미루고, 변기 뚜껑이 망가지거나 휴지걸이가 망가져도 능장을 피우다가 아내의 잔소리를 듣고 나서야 겨우 고치곤 한다. 하지만 처갓집이나 지인의 집에 가서 깜빡거리는 형광등을 발견했다면 마치 전파사에서 출장 나온 사람처럼 순식간에 갈아 놓아 버리는 사람이 의외로 많다. 얼마나 재미나고 아이러니한가?

나 역시 그 범주에 속한다. 2002년에 남아프리카공화국으로 사랑의 집짓기 봉사 활동을 갔을 때 아내는 "우리 집 천장이 새는데 남의 집 지어 주면 뭐해요?"라며 불편한 심기를 드러내기도 했다. 사무실에서는 또 어떤가? 마치 모든 일에 전문가인 듯이 문제를 척척 해결하곤 한다. 하지만 왜 집에만 오면 게을러질까. 이에 대한 해답과 논리적 근거는 심리학 전문가에게 맡기자. 다만, 아내들이 이러한 남자 심리를 이해하지는 못하는 듯하다.

남자들은 자기 존재 의미를 강하게 느끼는 공동체나 사람을 위해서 '물불 가리지 않고 뛰어드는' 경향이 있다. 자신을 알아주는 사람을 위해 목숨을 걸기, 그것이 바로 남자다. 만약 아내와 자녀들이 이런 남자의 욕구를 조금씩만 자극해 줄 수 있다면, 집에서 놀라운 변화가 일어날 것이다. 그동안 게을렀던 아빠가 만능 해결사, 슈퍼맨으로 돌변하는 것이다. 물론 이러한 변화는 아빠 자신의 깨달음이 필수적이지만, 가족들이 약간씩 노력하고 지혜를 낸다면 바뀔 수 있는 계기를 만들 수 있다. 대한민국 많은 가정의 아빠들 머릿속에 숨어 있는 가족 소통 스위치가 반짝 하고 켜질 수 있기를 진심으로 바란다.

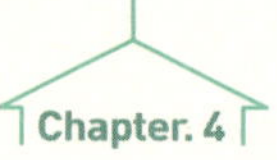

썰렁한 가족, 온기 팍팍 감도는 가족 만드는 소통의 힘

{ 어떤 분야에서나 자동적으로 성공할 수 있다고 생각할 만큼
바보는 없다. 하지만 결혼생활은 성공할 수 있다고 믿는다. - S. H. }

요즘 아빠들의 모습은 어떤가?

40대 아빠 박 모 씨는 회사에서 귀가하자마자 차려 준 밥을 먹고는 곧바로 소파에 누워 리모컨을 장악하고 있다. 아이들은 그런 아빠를 불편해하며 텔레비전 시청을 포기하고 방으로 들어가 스마트폰을 만지작거린다.

30대 아빠 김 모 씨는 오랜만에 어린 자녀들과 놀아 주려고 마음을 단단히 먹고 시간을 냈지만, 방법을 몰라 애를 먹고 있다. 기대했던 아이들은 아빠를 포기하고 설거지하는 엄마에게 매달리며 징징댄다. 엄마의 짜증이 폭발 직전이다.

50대에 접어든 아빠 이 모 씨는 사춘기에 접어든 막내아들이 첫째 딸아이와는 전혀 다른 반응을 보이며 말수가 줄어들고 성적도 떨어져 걱정이라는 이야기를 아내에게서 듣고 아들과 대화를 시도해 보지만 아이의 진심에 접근하기는커녕 처음부터 끝까지 교훈적인 이야기로 도배를 하고 만다. 아이는 기회를 틈타 방문을 닫고 들어가 버린다. 아빠는 방문 앞에서 끓어오르는 화를 삭이느라 심호흡을 한다. 당신의 모습은 여기서 누구에 해당하는가? 해당되지 않는다면 정말 다행이다.

소통하기 어려운 가족에게 가족 소통 시스템을 권한다. 가족 사이에 소통이 원활하게 되면 관계가 복원되고 자녀들의 탈선을 예방할 수 있을 뿐 아니라 부부 사이에도 사랑이 돈독해진다. 나는 가족 소통에 대한 어떤 사명감을 가지고 이를 소개하고자 한다.

가족 소통이 이루어지는 길은 결코 어렵거나 힘들지 않다. 가족끼리 하고 있는 말과 행위가 모두 가족 소통인 셈이다. 하지만 내가 주장하는 가족 소통은 그냥 소통이 아니라 소통 시스템이다. 굳이 시스템이라는 말을 붙이는 데에는 그만한 이유는 있다. 시스템이라 하면 언제 어디서나 대부분 예정대로 진행된다는 뜻이다. 약속이 되어 있으며, 하기 싫어질 때조차 프로세스에 따라 할 수 밖에 없는 것이 시스템이다. 시스템에 적응하다 보면 자연스럽게 습관이 된다. 좋은 습관은 인생을 바꾸기에 충분하다.

특히 아빠에게는 더더욱 그렇다. 가족 여럿이 약속한 사안들이기에 일정에 분명히 반영할 수 있고, 급하지만 중요하지 않은 다른 일정들이 즉흥적으로 끼어들 때 판단과 선택을 매우 쉽고 단호하게 할 수 있다. 가족과 한 약속을 지키려고 회사 업무를 더욱 효율적으로 하려고 노력하게 되고, 이 때문에 생산성과 효율성이 더 높아진다. 이는 덤이라고 볼 수 있는 이익이다. 몇 차례 위기만 넘기면 그다음부터는 탄탄대로의 소통 채널을 확보하게 된다. 혼자만의 약속이 아닌 가족 모두의 약속을 이끌어 내면, 집에서도 바깥에서와 마찬가지로 책임감이 강해져 약속을 지켜야 하는 당위성은 배로 늘어난다.

각자의 가정환경에 맞는 소통 채널을 기획하고 딱 다섯 번만 지속해 보자. 다섯 번의 실행 안에서 많은 문제점이 도출되고, 그 문제점들을 개선할 수 있다. 가족들의 불만이 쏟아질 수도 있고, 이왕이면 이런 방법이 좋겠다는 건의가 나올 수도 있다. 그러한 제안들은 아빠만의 주장이 아닌 가족 모두가 함께한 토론과 동의를 통해 의견을 취합한다. 이 과정은 그 자체만으로 매우 중요하다. 모두가 참여하고 동의한 의결에서는 자발성이라는 힘이 확보되기에 그 실행은 더욱 공고히 됨이 지극히 당연하다.

만약 다섯 번을 넘어 열 번을 지속하게 된다면, 좀 더 진화 발전해서 확대되고 세련된 가족 소통 채널을 갖게 될 것이다. 열 번 정도를 지속했다면 이미 소통 채널로 자리를 잡았다고 해도 과언이 아니다. 이제 새로운 두 번째 소통 채널을 기획하고 가동시킬 때가 되었다. 켜 보자.

반복된 가족 소통 채널을 실행할 때 가족회의는 필수가 된다는 사실을 깨닫게 될 것이다. 왜냐하면 가족 구성원 모두가 의견을 내고 동의한 실천 약속을 담보하는 최고 의결 기구가 필요함을 느끼게 되고, 회를 거듭할수록 그러한 회의체에서 결정한 사안이 얼마나 큰 힘을 발휘하게 되는지 알게 될 것이기 때문이다.

가족 소통 시스템의 핵심 채널은 가족회의다. 가족회의를 통한 가족 소통은 어느새 부모가 어린 자녀들을 하나의 훌륭한 인격체로 대하고 인정할 수밖에 없게 되기 때문에 결코 자녀들이 등한시할 수가 없다.

부모라면 자녀 교육과 가족 화목의 기회를 발로 걷어차는 어리석음을 범해서는 안 된다. 우리에게는 시간이 생각보다 그리 많지 않다. 자녀의 인격이 형성되는 시기는 길어 봐야 열세 살이다. 열세 살 이후 부모가 가르치는 교육 효과는 그전 13년 동안 이룬 것에 비하면 새 발의 피에 불과하다. 내가 직접 해 보고 수없는 시행착오를 거치며 하나의 소통 채널 시스템으로 완성시킨 가족 소통 채널은 이렇다.

가족회의, 가족 여행, 가족 생일, 가족 산행, 손톱 깎기, 아내의 날, 생일 세족, 아빠 놀이, 아빠 요리, 가족 SNS, 가족 운동, 가족 워크숍(workshop), 가족 독서, 용돈 플랜(plan), 가족 식사 등

이 열거된 가족 소통 채널들은 일반적인 가정에서 무심히 넘기는 것들을 우리 가족의 상황에 맞게 십수 년 동안 정기적인 행사로 뿌리내린 것들이며, 부모와 자녀 사이의 소통 시간을 늘리고 내용을 담기 위해 기획된 진부하지만 은근히 세련된 소통 채널들이다(물론 이 밖에도 비정기적 소통 채널들이 있다). 이러한 소통 채널들을 통해 우리 가족은 놀라운 행복 여정을 만들어 냈고, 가장 힘든 시기를 가장 행복하고 희망차게 만들어 가는 기적과도 같은 과정이었음을 자부한다. 만약 가족과의 관계 회복을 간절히 바라는 사람들이나 가족과 함께 좀 더 행복해지고 싶은 사람들이 있다면 이 책이 무척이나 행복하고도 즐거운 여정이 될 것임을 확신한다(가족 소통 채널 각각의 방법과 효과는 제3, 4장에서 다룰 것이다).

열거된 가족 소통 채널들을 보고 시시하다거나 무시해서는 결코 안 된다. 미리 겁을 먹고 시행착오를 두려워해서도 안 된다. 일단 한 번 시도해 보고 이런저런 가족들의 반대에 부닥치더라도 결코 낙담하거나 포기하지 마라. 만약 어떤 불만이나 거부 반응을 보인다면 이미 반은 성공한 셈이라고 봐도 좋다. 불만이나 건의 사항들은 각각의 가정에 맞춘 가족 소통을 해 달라는 신호인 것이다.

오히려 반응이 없거나 아예 무시하는 경우가 더 심각한 상황이 될 것이다. 이미 아빠의 말이 먹히지 않는 상태이니 말이다. 하지만 '이건 이렇고 저건 저래서 안 했으면 좋겠어요.' 정도로 반응을 보인다면 소통 채널이 발전할 가능성이 다분하다고 봐야 한다.

앞으로 3장과 4장에서 소개되는 가족 소통 채널들을 각 가정의 상황과 특징을 반영해서 맞춤형 가족 소통 채널로 만들어 가면 될 것이다. 그 과정이 얼마나 경이롭고 즐거운 일인지는 회를 거듭할수록 느끼게 될 것이다. 가족 소통은 부모와 자녀 사이의 간격을 좁혀 줄 뿐 아니라 부부가 조화로운 양육을 해 나가는 데 크나큰 도움을 줄 것이다.

이 책을 접한 사람들이 결심을 하고 실행했을 경우 시행착오를 조금이나마 줄일 수 있도록 가족 소통 시스템을 실행하기에 앞서 꼭 짚고 넘어가야 할 몇 가지를 언급하고자 한다.

첫 번째는 가족 소통을 통해 무엇을 얻고자 하는지에 대해 아빠 스스로가 곰곰이 생각해서 최소한의 목표를 마련할 필요가 있다. 나 같은 경우 가족 소통 시스템을 통해 학교에서 가르쳐 줄 수 없는 다섯 가지 능력을 배양하고 싶었다. 그렇게까지 안 된다 하더라도 나와 아내가 눈치 채기 힘든 학교생활에서의 불통으로 말미암아 아이들이 겪는 탈선과 소외, 외로움 따위를 현저히 줄여 주고, 혹시 아이들이 외부에서 돌발적인 큰 상처를 입었다 해도 곁에 항상 가족이 있음을 알게 해 주고 싶었다. 진심 어린 위로를 통해 빠른 회복을 유도하고, 세상과 삶을 긍정적이고 아름다운 시각으로 바라보게 함이 아빠로서 갖출 최소한의 목표였다.

두 번째는 자기 자신을 포함한 가족을 자기 삶의 우선순위 1순위로 놓아 달라는 것이다. 사람은 세상을 떠날 때가 되어서야 비로소 가족이 얼마나 중요한지를 인식하게 됨을 여러 경로를 통해 보게 된다. 많은 사람이 죽음을 앞두고서야 가족의 소중함을 깨닫고 진작에 가족과 사랑을 나누지 못했음을 후회하며 생을 마감하고 있다. 우리 또한 그들과 똑같은 후회의 길을 걸을 필요는 없다. 만약 일이 너무 많거나 힘들어서 우선순위를 바꿀 수 없다면 최소한 일과 동격으로라도 생각해야 한다. 바로 당신 자신과 당신의 가족이 행복하기 위해서 말이다.

세 번째는 자발적인 동참을 이끌어 내야 한다는 전제 조건이다. 이 세상에서 자발성만큼 큰 힘을 발휘하는 것은 별로 많지 않다고 본다. 아이가 스스로 "그거 괜찮은데요. 저도 할래요."라는 말이 나올 수 있도록 아빠는 작전을 세워 밀당(밀고 당기기)을 할 필요가 있다. 우리 아빠들은 회사에서, 모임에서 이러한 일들을 수도 없이 주도해 왔다. 마음만 먹으면 얼마든지 할 수 있을 것이다. 때로는 물질적인 보상도 필요하지만, 대부분은 평소에 자녀들이 하는 말에 귀 기울여 주고 구체적이면서도 근거 있는 칭찬을 아끼지 않으며 진심이 담긴 격려부터 시작한다. 자신을 인정해 주는 사람에게 마음의 문이 열림은 아주 당연하다. 아빠의 제안에 호감이 갈 수 있도록 만드는 방법은 평소에 어떤 말을 쓰고 어떤 행동을 하느냐에 달려 있다. 다행스럽게도 우리 집 두 딸과 아내는 가족회의에 적극적으로 참여했다. 늦둥이 막내아들이 가족회의에 덩달아 참석해서 (가르친 적이 없는데도) 손을 들고 의견을 말하는 모습을 보면서 시스템이 얼마나 중요한지를 다시 한 번 깨닫기도 했다.

네 번째는 아빠의 약속 프레임을 바꾸는 것이다. 약속 프레임에 관해서는 제2장에서 자세히 언급하겠지만, 지금까지 가졌던 약속에 대한 개념을 바꾸지 않고서는 아빠 자신이 가족 소통 시스템을 실행하지 못할 가능성이 가장 크다고 보아도 무방하다.

다섯 번째는 아빠의 준비와 기록이다. 자발성을 전제로 하면 아빠가 준비해야 할 것들이 늘어나게 되어 있다. 물론 초기에 정착할 때까지만 그렇다. 어차피 오래 지속해야 하는 가족 소통이기에 그 준비가 결코 낭비가 될 수 없으며, 그 과정 또한 매우 의미 있는 시간이 될 것이다. 더군다나 이 책에 나오는 많은 사례가 도움이 될 것이다.

사실 평생에 걸쳐 시행착오를 한다 해도 아깝지 않은 것이 가족 소통이다. 아빠의 역할에 사표를 낼 수 없듯이 한때 미워졌다고 호적에서 파 버릴 수도 없는 '가족'임을 감안한다면 가족 소통을 위한 이러한 즐거운 노력은 평생에 걸쳐 이루어져야 한다.

지지고 볶고
사랑하며 살기 위한
기초공사

바보야,
문제는 바로 나야!

한 대기업에서 부장으로 근무하던 지인이 어느 날 직장을 그만두게 되었다. 주위 사람들은 코앞에 중역 승진이 있는데 그만두게 되어 아깝기는 하지만 그의 아내가 한식당을 크게 하고 있어서 돈을 많이 버니 괜찮다며 셔터맨 운운하면서 부럽다는 생각을 겉으로 표출했다. 그러나 속사정을 직접 들어 보니 씁쓸한 사연이 숨어 있었다.

아빠는 회사에서 중역 자리에 오르려고 발버둥을 치고 있었고, 아내는 식당이 잘되니 직원들을 하나 둘 뽑아 계속 확장하는 중이어서 중3과 고3이 되는 두 딸에게는 그만큼 신경을 많이 못 썼다. '이러면 안 되는데…….'라는 자각을 몇 번 했지만 회사 일이 워낙 정신없이 돌아가다 보니 자녀를 챙길 만한 시간적·정신적 여유가 없었다. 그러던 어느 날 느지막이 현장으로 출근하는 길에 모처럼 딸아이를 학교에 데려다주게 되어 차 안에서 아이와 친밀한 대화를 해 보려고 하다가 가벼운 말다툼을 하게 되었는데 그만 아이가 달리는 차에서 문을 열고 뛰어내린 사건이 벌어졌다.

여러 병원을 전전한 끝에 얻은 결론은 아무도 자신에게 관심을 가져 주지 않은 탓에 아이가 혼자 삭이고 삭이다가 정신이상으로 비상식적인 반항과 돌출 행동이 심해졌다는 것이었다. 그 아빠는 아이가 비록 몸은 많이 다치지 않았지만, 그동안 정신적으로 외롭고 무서운 나날을 보냈음을 생각하면 마음이 찢어진다고 했다. 곁에서 관심을 가져 주는 돌봄만큼 좋은 치료가 없다는 의사의 충고를 듣게 된 뒤 세상이 무너지는 느낌을 받았고, 회사에서 급하고 중요하다고 여겼던 일들이 아무런 의미가 없어졌다고 했다. 결국은 회사를 그만두고(자기가 없으면 회사가 안 돌아간다는 생각도 착각이었다는 반성과 함께) 말았다.

이때 서로 책임 떠넘기기에 급급했던 부부끼리도 얼마나 많은 싸움을 했는지 모른다고 고백했다. 엄마는 아빠보다는 자주 딸아이의 비상식적인 반항을 접해 왔지만 단순히 사춘기로만 생각했고, 부부 소통 또한 할 시간이 없다 보니 서로에게 관심을 가져 줄 수가 없었던 것이다.

가족끼리 소통하는 시간이 없어도 자신이 생각한 대로 자녀들이 문제없이 자라고 부부가 하나가 되리라는 바람은 콩을 심지 않았는데 싹트기를 바람과 다를 바 없다. 콩 심은 데 콩 나고 안 심은 데에는 안 나는 것이 진리다.

가족과의 소통을 위해서는 반드시 확실하게 풀어야 하는 문제가 몇 가지 있다. 그 가운데 대표적인 한 가지가 일과 가정 사이에 균형을 잡는 일이다. 삶을 뜻하는 생(生)이라는 한자를 가만히 살펴보면, 소(牛)가 외줄(一)을 타는 형국임을 알 수 있다. 그만큼 삶이 힘들고 어려움을 단적으로 표현한 재치 있는 글자 해석이다. 삶이란 말 안에는 노동을 통한 소득을 포함해 수많은 인간관계의 시작과 매듭뿐만 아니라 부부가 호흡을 맞추고 자녀에게 관심을 가지며 부모를 공경하고 미래를 위한 공부와 나눔을 실천하는 일까지도 포함된다.

사람은 가는 곳마다 주어지는 책임과 역할이 생긴다. 그러다 보면 여러 일이 뒤섞이고 역할이 늘며 무거운 책임만 떠안은 듯 살아가게 된다. 즐거운 인생, 행복한 삶을 영위하기 위해서 자신이 해야 할 일과 가정 사이에 균형을 제대로 잡게 되면 삶의 모든 면에서 상상을 초월하는 효율과 성과를 맛보게 되어 있다.

일반적으로 가장은 아빠로서의 책임, 남편으로서의 책임, 아들로서의 책임 그리고 직장에서는 직급과 역할에 맞는 책임을 완수해야 한다. 때로는 친구와의 관계에서도 반드시 해야 할 역할이 있으며, 자의건 타의건 간에 생기게 되는 여러 모임과 조직에서도 시간과 에너지가 투여되는 역할을 맡게 되어 있다. 게다가 자원봉사 또는 훗날을 대비한 공부나 취미 활동까지 포함한다면 실로 한 집안의 가장은 슈퍼맨이나 다름없다.

애석하게도 상당수 가장은 이 많은 역할 가운데에서 오로지 일에만 매진하는 경우를 심심치 않게 볼 수 있다. 그들은 그럴 수밖에 없다고 항변한다. 그러고는 어느 날 가정 안에서 이미 없어져 버린 아빠의 자리를 한탄하면서 전혀 소통되지 않는 가족 관계를 괴로워한다. 어디 남자뿐이겠는가? 여자도 마찬가지다. 오로지 가정 살림과 양육에만 초점을 두고 자기 계발을 등한시한 결과 자녀가 독립한 뒤에 밀려드는 정체성 혼란에 어찌할 바를 모르는 경우를 겪게 된다. 누구나 바쁘디 바쁜 삶에는 예외가 없다. 어느 하나 포기할 수는 없으며 누구나 잘하고 싶어 한다. 많은 사람은 그럴 수밖에 없었다고 이야기한다. 하지만 나는 이러한 많은 역할을 잘 해낼 수 있다고 본다.

지금으로부터 16년 전까지 나는 K그룹의 정보 통신 부문에서 대리점 담당 영업과장으로서 직무를 맡고 있었다. 당시 주말 일정을 내 마음대로 잡는다는 것은 불가능함을 일찌감치 깨닫고 그야말로 충성스러운 직장인으로서 근무했던 기억이 있다. 새가슴인 나로서는 가정과 미래에 투자(취미나 학업)하는 일을 엄두도 못 내는 상황이었다. 누구하나 미래를 위한 투자에 대해 이야기해 주는 사람도 없었다. 마치 가족과 자신에 대해 이야기함이 금기시된 듯이 말이다. 당시 상황에 걸맞게 나는 충분히 열정적이었고 회사와 상사의 방향을 철저히 뒷받침하는 1급 참모로서의 역할을 해 왔다고 자부한다. 그러니 후회는 없었다.

하지만 당시 내 가정을 돌아보면 사정은 정반대가 된다. 가정을 돌볼 겨를이 거의 없었으며, 모든 일을 아내에게 맡겼다. 그저 모든 일을 업무 상황에만 맞게 열심히 했다. 일주일에 3~4일을 대리점 사장이나 동료와 술 마시고 새벽녘에 들어와도 일을 위한, 그리고 가정을 위한 가장의 눈물겨운 노력이라고 떠들어 댔고, 집에 들어와 리모컨 소유권을 아무도 주장하지 못하게 분위기를 만드는 오만에 찬 행동도 했다. 진정으로 가족을 위해 일하고 돈을 번다고 하지만 아빠로서, 남편으로서, 아들로서 내 가족에게는 정작 시간과 관심을 내던져 버렸다는 사실을 인정하지 않을 수 없었다.

톨스토이가 말했다. "자신이 저지른 악행을 변명하고자 가장 자주 쓰이는 이유이자 가장 옳지 못한 이유는 '가정의 행복을 위해서'라는 말이다."

두 딸이 네다섯 살 되어서야 깨닫게 되었다. 어쩌면 대단히 빨리 깨닫게 된 것인지도 모른다. 자녀의 인성이 무르익는 중요한 시기였으니 말이다. 당시와 지금을 비교해 보면 수입도, 일의 능률도, 그리고 하는 역할의 종류와 시간을 쓰는 마음의 여유조차도 몇 배 차이가 날 정도로 훨씬 좋아졌다. 도대체 무엇이 바뀌었을까?

나는 시간과 소득을 조절할 수 있는 방향으로 과감히 직업을 바꾸었고, 한낱 상상 속에만 자리 잡고 있던 '행복한 가정'에 대한 꿈을 밖으로 끄집어내기 시작했다. 그러고는 누구에게나 공평하게 주어진 24시간을 관리하기 시작했다. 꿈과 목표가 선명한 사람은 버리는 것에 대한 판단이 수월하다. 사실 살다 보면 얼마나 많은 것을 버릴 줄 아느냐에 따라 시간 관리를 통한 일의 성과가 좌우된다. 우리가 만나는 모든 사람과 모임을 만들고, 역할을 맡고, 그 상태를 꾸준히 지속하기란 거의 불가능하다. 결국 자신이 가진 꿈을 밖으로 드러내는 순간 수많은 기회와 스쳐가는 인연 중에서 관련 있는 사람과의 만남과 일을 선택하게 되고 정리하게 되는 것이다.

이후 나는 수년 동안 몇 가지 새로운 습관을 들였다. 습관을 들이기란 쉽지 않았지만 일단 몸에 배고 나면 일과 가정 사이에 균형 잡기는 어렵지 않게 이룰 수 있었다.

일과 가정 사이에 균형을 잡기 위한 세 가지 습관을 제안하고자 한다. 가장 먼저 일과 가정을 동격으로 보는 시각 변화부터 시작한다.
이는 습관으로 몸에 배야만 한다. 아이 졸업식이나 심지어는 아이와
놀기로 한 약속, 아내와 함께하기로 한 쇼핑 약속까지도 회사 일과 동
격으로 간주해야 한다. 왜냐하면 모든 것이 시간을 필요로 한 일이니
반드시 시간 확보를 해야 하므로 약속을 잡을 때 함부로 잡지 않게 되
고 신중을 기하게 되기 때문이다.

가족과 한 약속을 등한시하다가 쌓이고 쌓여 어느 날 갑자기 아내
나 자녀들의 심각하고도 치명적인 상황에 마주하게 되면, 호미로 막
을 수 있는 것을 가래로도 못 막는 사태가 전개된다. 가정에 투자하는
시간 없이 가정이 잘 되리라는 생각은 어불성설이다.

그다음은 우선순위다. 누구에게나 하루는 24시간뿐이니까. 우선
순위는 중요한 일과 급한 일을 가려내는 아주 중요한 준비 작업 가운
데 하나다. 늘 일에 쫓기는 사람들은 중요한 일보다는 급한 일에 치중
해서 처리한다. 그러다 보면 늘 급한 일만 처리하고 중요한 일을 놓친
다. 그러고는 남 탓을 하거나 상황 탓을 한다.

이를 방지하기 위해 자신이 해야 할 일 목록 가운데에서 급한 일과
그렇지 않은 일을 구분하고, 중요한 일과 중요하지 않은 일을 구분할
필요가 있다. 일 처리를 잘하며 항상 여유를 가지는 사람들은 가장 먼
저 중요한 일에 손을 댄다. 다시 말해 덜 중요하면서 급한 일을 먼저
처리하기보다는 덜 급하지만 중요한 일을 먼저 처리해야 한다는 것이
다. 우리가 하루에 처리해야 할 일 목록은 수십 가지가 될 수 있지만,
그 내용이나 성과 또는 결과물의 크기에 영향을 주는 일은 몇 가지로
축약될 수 있다. 파레토의 법칙은 이러한 우선순위에도 적용되는 것

이다.

이를 위해서는 몇 가지 사전 작업이 필요하다. 중요한 일과 급한 일의 개념을 잡고 실천하기와 삶의 방향 설정이 분명하게 되어 있다면, 이를 구분하고 실천하기란 누워서 떡 먹기라고 봐도 무방하다. 중요한 일을 구분할 줄 아는 사람을 자세히 살펴보면 자기 삶의 방향 설정이 제대로 되어 있다는 사실을 알 수 있다. 중요한 일이란 바로 나만이 알 수 있기 때문에 내 삶의 방향이 정해져 있다는 이야기는 중요한 것과 그렇지 않은 것을 구분할 줄 안다는 이야기와 같은 것이다.

한 가지 예를 들어 보자. 지금 현재 급하지는 않지만 중요한 일을 처리하고 있는데 누군가 곁으로 와서 다른 일을 부탁한다. 인정에 호소하거나 무데뽀(muteppô[無鐵砲]는 신중함이나 대책이 없이 함부로 덤비는 사람이나 그러한 태도를 속되게 이른는 말)식 지시도 포함된다. 그럴 때 일에 대한 개념이 없는 사람은 자신이 하고 있던 중요한 일을 까먹거나 중요도의 우선순위가 바뀌어 버린다. 아주 안타까운 순간이다. 하지만 일의 개념이 있다면 흔들리지 않을 뿐더러 무리한 부탁을 거부할 수 있는 용기도 낼 수 있다.

어떤 일이든 타이밍이 있는 법이다. 일이란 탄력받아 진행될 때의 흐름이 매우 중요하다. 과연 서로에게 좋을지에 대해서는 깊이 있게 생각해야 한다. 중요한 일이란 자신만이 알기 때문에 명확하게 표현하는 태도가 중요하다. '행복한 이기주의자'로 일컬어지는 웨인 다이어(Wayne Dyer)의 책을 읽고 나는 분명히 삶 전체의 생산성이 향상되었다고 자부한다. 누군가 갑작스러운 일 요청을 해도 부드럽고 유쾌한 거절을 할 수 있게 되었기 때문이다. 내 상황을 설명하는 데 채

1분도 걸리지 않는다. 그러고는 다시 내 일의 처리 상태로 돌아올 수 있다.

거절이란 하지 않겠다는 뜻이 아니라 내가 하고 있던 중요한 일을 먼저하고 그다음을 기약하는 것이다. 일의 우선순위란 사람 목숨이 곧 끊어지는 일 외에는 대부분 답답한 마음이나 상대방과 나의 일 처리 습관에서 정해지는 경우가 상당수이기 때문이다.

마지막으로 선약 이행 습관이다. 약속이란 중요하며 이를 지키기 위해 사람들은 많은 것을 감내한다. 왜냐하면 약속은 신뢰를 상징하기 때문이다. 약속을 지키는 사람과는 신중해야 하기 때문에 가볍게 약속하기가 어렵다. 한번 약속하면 대부분은 지켜 내야 하기 때문이다. 그러면 관계적인 측면에서도 시너지와 생산성이 존재한다. 한 번의 약속이 어그러졌을 때 보게 되는 시간적 기회비용과 타이밍상의 불협화음은 수치로 표현하기는 힘들지만, 양쪽 모두에게 실로 커다란 손실이다.

K기업 시절, 하나뿐인 누님과 점심 약속을 한 적이 있었다. 그전부터 약속을 어기다 어기다 세 번째로 한 약속이었다. 사실 별 큰 약속이 아니었기에 매번 급작스러운 회사 일에 밀려 약속 시간 직전에 번복하는 일이 계속되었고, 그날도 그랬다. 세 번째 약속인데도 나는 상사가 급작스럽게 한 업무 요청에 예스맨(yes man)답게 당연히 일을 우선으로 처리하고 누님에게는 다음 기회로 미루자는 전화를 했었다. 당시에는 지극히 당연한 처리였고, 반론을 할 여지가 없다고 생각했었다. 수화기 너머로 들려오는 누님의 말은 예상을 뒤엎는 것이었다.

"일이 중요한 건 알겠지만, 가족과의 약속은 약속도 아니니?"

당연히 양해해 주리라 생각했던 누님에게서 따끔한 한마디를 듣고 서야 깨닫게 되다니 나도 참 바보 같았다. 은행에 다니던 누님도 분명 그 약속에 따른 시간을 안배했을 테니 다른 약속을 잡지 못하거나 상사가 지시 내린 다른 업무를 용감하게 뿌리쳤을지도 모를 일이었다. 아주 작은 일이었고 아주 짧은 순간에 일어난 일이었지만, 가족과 한 약속은 약속도 아니냐는 한 마디에 뒤통수가 뻣뻣해짐을 느꼈다. 당시에는 변명을 하면서 다음에는 꼭 만난다고 오히려 역정을 냈지만, 깊이 생각해 볼 문제가 되었다.

그때부터 나는 선약의 기준을 세웠다. 선약을 90퍼센트 이상 지켜내는 데 무려 3년이 넘는 시행착오와 훈련 시간이 소요되었던 것 같다. 자신에게는 작은 약속일지라도 남에게는 그 순위가 전혀 다를 수 있다. 선약을 위주로 한 실행 습관은 섣불리 약속을 잡지 않게 되고, 심사숙고하게 되는 이점이 있다. 몸에 배고 나면 약속에 대해 무척이나 믿을 수 있는 사람으로 대우받게 된다. 그러다 보면 주위 사람들도 나와 한 약속에 비중을 두게 된다. 부득이 약속 이행이 어려울 때에는 조금이라도 빨리 상대에게 양해를 구하고 다음 일정을 정해야 한다. 약속 연기나 변경을 미리 알려 주는 태도도 믿음을 더욱 견고히 할 수 있다.

이쯤에서 중요한 한 가지를 이야기하고 싶다. 회사에서 자신의 가족 이야기를 하는 것이다. 또한 동료나 부하, 상사의 가족 이야기를 끌어내어 경청하는 것도 포함된다. 가족에 대한 정보를 인식했을 때 그 사람에 대한 이해도가 한층 높아질 뿐 아니라 그 사람을 더욱 믿을 수 있게 되고, 더 나아가 응원까지 할 수 있게 된다. 자녀들과 한 약속을 끔찍하게 생각하는 부하 직원이 있다고 가정하면, 그는 자녀와 한 약속을 지키기 위해 일의 효율을 높일 것이라고 짐작할 수 있다. 또한 상사나 동료는 그의 사정에 적합한 일을 주문하게 될 공산이 크다.

내가 얼마만큼 내 가정사와 개인적인 꿈 이야기를 자주, 또 설득력 있게 알리느냐에 따라 일과 가정 사이에 조화롭고 균형 잡힌 안배가 점점 호전될 것이다.

Chapter. 2

가족 소통 위해
직업을 바꾸다

{ 결혼하기는 쉽지만 결혼생활을 계속하기는 조금 어렵다. 평생
행복한 결혼생활을 한다는 것은 단연 최고의 예술에 속한다. - R. F. }

가족 소통 채널을 처음 만들기 시작한 때는 바로 15년 전인 2000년이다. 그 당시 상황은 큰 문제 없는, 속된 말로 잘나가고 있던 때였다. 그러나 오로지 일 이외에는 아무것도 내 미래를 계획할 수 없었던 점과 그동안 가족 안에서 내 역할이나 우리 가족이 놓인 당시 상황을 되돌아보며 커다란 변화를 해야겠다는 결심을 하게 되었다.

큰딸 민형이가 세 살이 되고 둘째 민지가 태어난 해인 어느 날, 나는 아내에게 선언했다.

"민형 엄마, 나 회사 그만두려고!"

아내는 못 듣지 않았건만 아예 농담으로 받아들이는 듯 하고 있던 설거지에 여념이 없었다. 대기업 과장으로서 승승장구하던 때였기에 말 같지도 않을 뿐더러 둘째를 출산한 해라 누가 봐도 회사를 그만둘

만한 시기가 아니었기 때문이다.

"나 생명보험 사업을 하려 하는데!"

이어지는 내 말에 아내와 어머니는 아연실색한 눈치였다. 이후 어머니는 머리에 두건을 싸매고 자리에 누우셨다. 아내는 멀쩡한 회사 관두고 왜 힘든 보험 영업을 하려고 하느냐며 절대 안 된다고 했다. 집안에서는 격렬한 반대에 부닥쳤지만 바깥 상황은 약간 달랐다. 내가 신뢰하는 대리점 사장 한 분은 "탁 과장님이라면 정말 잘할 겁니다. 나한테는 안 좋은 일이지만, 탁 과장님한테는 정말 잘된 일이네요. 축하주 한잔 사리다."라고 하며 진심 어린 응원을 해 주었다(이분과는 지금도 호형호제하는 인연을 이어 나가고 있다). 이분의 격려가 아니었다면 나는 진정한 생명보험의 의미를 몰랐을 것이고, 지금의 자긍심 넘치는 모습도 없었으리라 생각한다. 왜냐하면 생명보험을 통해 의도하지 않았던 가족애에 눈을 떴기 때문이다. 10년 가까이 일중독으로 지내는 동안 잊었던 아버지로서의 꿈을 되찾은 계기가 되었음은 두말할 필요도 없다.

잘나가던 직장 생활을 버리고 보험 영업으로의 업종 전환은 내 미래를 위한 엄청난 모험이기도 했지만, 당시는 하루 24시간 가운데 거의 18시간에 가까운 시간을 회사 일(?)에 몰두하던 생활 굴레에서 어떻게든 벗어나고자 하는 마음이 강했다. 일주일 가운데 3~4일은 회사와 연관된 이런저런 일들로 새벽까지 술을 마시고 그나마 집에는 들어가는 생활이 내가 가정에 하는 전부였다. 집에 오면 그야말로 오로지 나만을 위한 휴식을 취했고, 아내와 어머니는 내 시중을 들기 바빴다. 아내 입장에서 볼 때 남편이 집을 여관이나 개인 별장쯤으로 생각하지 않고서야 어찌 이럴 수 있느냐고 생각했을 터였다.

　나는 돈을 번다는 이유로 집안에서 왕에 버금가는 대접을 받아 왔었고, 또 그렇게 유도했다. 하지만 둘째가 태어나고부터는 시어머니와 두 아이를 챙기는 아내의 고단함과 피로감이 극에 달했던 듯하다. 하지만 나는 계속 내 입장만 생각했다. 아내가 부탁해서 가끔 두 딸을 목욕시킬라치면 그렇게 귀찮을 수가 없었다. 그럴 때마다 투덜대면 아내는 내게 사정사정을 해서 "아기 목욕만 시켜 주고 쉬세요."라고 말하곤 했다. 그러면 짐짓 인심이라도 쓰듯 거들먹거리며 건성건성 목욕을 시키고 나만의 휴식 세계인 텔레비전으로 눈을 돌렸다.

　참으로 이상했던 점은 내가 회사에서 일하면서 일에 대한 욕심 때문이었는지, 당시 회사의 어쩔 수 없는 분위기 때문이었는지는 몰라도 대리점 사장이나 새로운 거래처 사람을 계속 만나 술과 연결시켜 일을 성사시키곤 했던 일 처리 방식이 고쳐지지를 않았던 것이다. 모든 가정사는 아내에게 팽개쳐 놓다시피 한 셈이었다. 그러하니 가정 안에서는 부부 싸움이 잦았고, 그 불편함을 해결하기 위한 방법을 도무지 찾을 수가 없었다. 결혼할 당시에는 아내가 항상 아이들 곁에 붙어 있어 주기를 바랐기 때문에 첫째를 임신하자마자 사장님의 간절한 만류에도 아내가 다니던 회사를 그만두게 했었다. 당시 내 주장은 아내가 회사 일도 하지 않고 그저 살림살이만 하는데 뭐가 그리 피곤하냐는 식이었다. 그리고 집에서 유일하게 돈을 벌어 오는 사람의 바깥 일정이 집안의 어떤 일정보다 우선시되는 분위기를 만들었다. 지금 생각해 보면 너무도 창피하고 부끄러운 일이지만, 그때는 회사를 그만두거나 가족을 위해 일찍 퇴근해야겠다는 생각 자체를 하지 못했다. 이미 지나간 과거이지만 참 아쉬운 순간이다.

당시 직장인들 대부분이 그랬고, 내 용기에도 문제가 있었다. 그런데도 아내와 어머니는 회사를 그만둔다는 말보다도 힘들고 부담스러운 생명보험 일을 한다는 말에 쌍수를 들고 반대를 했다. 하지만 어느 날 생각해 본 내 미래가 그때처럼 계속된다면 절대로 나답게 살 수 없다는 결론을 내렸고, 좀 더 자유롭고 좀 더 공평한 보상을 받을 수 있는 일을 찾아야 한다고 생각했었다. 조그만 사업을 해 볼까 하는 생각만 가지고 있던 차에 때마침 만난 인연이 생명보험이었기에, 나는 아내와 어머니를 설득했다. 누구 하나 책임질 수 없는 조언들 속에서 엄청난 두려움과 희망이라는 흥분을 동시에 안고 생명보험 사업에 첫발을 내디뎠다. 그 뒤 15년 동안 실로 정직하고 자신감 넘치게 생명보험의 본질을 전달하는 생명보험인으로서 행복하게 일해 왔고, 매우 만족한 시간이 되었다.

생명보험 사업의 90퍼센트는 '가족'이라 해도 과언이 아니다. 늘 가족을 이야기했었고, 가족과 연관된 이야기가 거의 전부였기에 내 가족을 돌이켜 생각해 보지 않을 수 없었다. 지금도 생명보험을 생명보험답게 하고 있는 많은 생명보험인에게 나는 뜨거운 박수를 보내고 싶다. 그들은 가족을 돌이켜 볼 수 있는 기회를 하루에도 몇 번씩 가질 수 있기 때문이다. 생명보험 상담을 하는 동안 전 직장에서 술로 영업하던 습관이 거짓말처럼 말끔히 사라졌고, 항상 진지하고 모범적인 가장의 모습을 유지하고 있다. 수백 건에 이르는 가정방문이 해마다 이어졌고, 그 덕분에 나만의 아버지상에 대한 꿈을 되새길 수 있는 기반이 되었다. 더불어 내 가정이 잘 돌아가고 있는지 점검해볼 기회도 갖게 되었다.

다행히도 일은 잘 되었고, 과거 10년 가까운 대기업 생활보다 완벽히 업그레이드된 가치관과 성장한 모습으로 일상을 살아갈 수 있었다. 이 일을 처음하게 된 해부터 나는 '꿈 목록'을 만들어 노트에 적어놓았다. 그렇게 가족이라는 주제를 하루에도 몇 번씩 떠들고 다니기 시작하면서 특출한 성과도 내고 보상도 주어지니 삶이 즐겁지 않을 수 없었다. 그제서야 비로소 내 가족을 제대로 돌아볼 수 있었고, 우리 가족의 미래 모습도 그려 볼 수 있게 되었다.

그리고 가족을 위해 무언가를 해야 한다고 생각했고, 이를 위한 시간을 확보해야 한다고 결론을 내렸다. 아마도 그 시점이 내가 가족 소통을 시작한 가장 중요한 계기였다고 생각한다.

아빠의
가정五육

내가 만약 조물주가 되어 가장 행복한 사람을 빚는다면? 아마도 '다섯 가지의 씨앗'을 심을 것이다. 이 다섯 가지의 씨앗을 발아시키는 가장 적당한 시기는 열 살 전후가 될 것이고, 씨앗을 보관하고 발아시키는 장소는 반드시 가정이라는 울타리가 되어야 한다. 만약 발아 시기를 맞추지 못해 행복하지 못한 삶을 살고 있다면 열 살 이전에 했던 가정교육의 두세 배에 이르는 시간과 정성을 들여야 원래 씨앗의 3분의 1이라도 발아시켜 행복에 조금 가까워질 수 있음을 알려주고 싶다.

여기서 내가 소개하고자 하는 다섯 가지 씨앗은 사람이 행복하기 위해 꼭 필요한 항목으로서 자녀를 기를 때 반드시 함께 키워 줘야 한다고 생각하는 능력이다. 아이 셋을 키운 경험으로 감히 단언한다면 태어난 때부터 10년 동안만 가정교육이 제대로 된다면 그 뒤 자녀의 삶에 대해서는 큰 걱정을 안 해도 된다고 본다. 인생을 포기하거나 불통과 먹통으로 괴로워하는 삶을 살 필요가 없다는 말이다. 부모가 가정생활을 통해 자녀에게 키워 주어야 한다고 믿는 다섯 가지 씨앗은 이렇다.

첫째, 감사와 긍정의 능력

둘째, 경청과 의사 전달 능력

셋째, 꿈을 꾸고 키우고 이루는 능력

넷째, 시행착오의 기회와 문제 해결 능력

다섯째, 자기 관리(시간, 돈, 에너지 관리) 능력

감사와 긍정의 능력

행복의 시작은 감사와 긍정이다. 동서고금을 막론한 진리다. 성공과 행복을 맛본 이들이 입을 모아 처음으로 꼽는 것도 바로 감사와 긍정의 능력이다. 이 세상 모든 성취와 성공, 감동의 밑바탕에는 감사와 긍정이라는 씨앗이 자리 잡고 있다. 당연히 우리 자녀들이 가장 먼저 발휘하고 발아시켜야 한다.

감사와 긍정이 발휘하는 위력에 대해서는 두말하면 잔소리다. 긍정적인 사람과 부정적인 사람이 하루에 느끼는 행복감에는 큰 차이가 있다. 긍정적인 사람은 사람, 사물, 사건을 접할 때 이롭거나 가능성

있는 요소에 관심을 갖기 때문에 늘 생산적이고 효율적인 생각을 먼저 한다. 부정적인 사람은 안 될 수밖에 없는 이유나 폐단에 먼저 관심을 가지므로 모든 일이 비효율적이며 비판적이다. 이런 사람은 주위 사람들까지도 힘들고 짜증이 나게 만든다. 역경을 만날 때 긍정적인 사람은 상황을 낙관하며 이겨 낼 수 있으리라는 희망을 품고 힘을 내지만, 부정적인 사람은 지독한 불평불만을 쏟아 내며 좌절하거나 시도조차 하지 않기도 한다.

오래된 이야기지만, 한 신발 회사가 아프리카에 신발을 팔기 위한 사전 조사 차원으로 두 조사원을 따로 보냈더니 정반대 보고서를 들고 왔다는 이야기가 있다. 부정적인 한 사람은 '여기는 아예 신발을 신고 다니지 않기 때문에 신발을 팔 수 없으니 진출하지 않는 편이 좋겠다.'라는 보고서를 썼고, 다른 한 사람은 '모두들 신발을 신고 다니지 않기 때문에 엄청난 시장이 될 수 있다. 어차피 문명화를 거스를 수 없기 때문에 우리가 어떻게 하느냐에 달려 있다.'라는 보고서를 썼다.

부정적인 결과를 내놓은 사람은 조사하는 내내 사업이 안 되는 이유에 집중했을 것이고, 긍정적인 결과를 내놓은 사람은 작은 가능성이라도 꼼꼼이 바라보며 객관화하기 위해 노력했을 것이다.

이처럼 긍정적인 마음, 모든 일에 감사하는 눈으로 세상을 바라보는 사람은 좋은 성과를 낼 수 있다. 또한 역경을 뛰어넘는 힘도 남다르고, 좋은 영향력까지 미칠 수 있다. 주위에서 그 사람을 좋아함은 두말할 필요도 없다. 친구를 만날 때에도 긍정적인 친구를 사귀는 편이 훨씬 이롭다. 모든 일에 부정적인 사람은 자신뿐 아니라 주변 사람들에게까지도 부정적인 기운을 미칠 수 있다.

다음의 이야기들을 통해 부정과 긍정이 위기상황에서 어떤 힘을 발휘하는지를 알게 된다.

미국의 목사이자 저술가인 조엘 오스틴이 지은 《긍정의 힘》이라는 책에는 조차장(操車場)에 근무하는 닉이라는 사람이 나온다. 그는 항상 최악의 상황을 생각했고 늘 안 좋은 상황을 그리며 자신에게 언제 불행이 닥칠지 모른다며 안절부절못하는 성격의 소유자였다.

어느 날 그는 수리를 위해 조차장으로 들어온 냉동열차에 갇히게 됐다. 자신이 냉동열차에 갇혔다고 생각하는 순간 그는 공포에 사로잡히게 된다. 문을 두드리고 고함을 질렀지만 동료들은 이미 퇴근한 뒤였다. 냉동열차에 갇혔다는 사실을 깨닫게 된 그는 구석에 있던 종이에 '너무 춥다. 몸이 마비된다. 내가 여기서 빨리 나가지 않으면 얼어 죽을 것이다.'라는 등의 글을 써내려간 후 결국 사망하고 말았다. 부검 결과 동사(凍死)였다. 하지만 당시 그 냉동열차는 고장 난 상태였고 그가 갇혔을 때는 이미 냉동 기능이 정지돼 있었다. 그러나 그는 고장 난 냉동열차 안에서 영하 30도의 추위를 느끼며 죽음의 길로 내달리고 있었던 것이다.

이와는 반대로 긍정의 힘을 발휘하여 죽음으로부터 살아난 예도 있다. 1967년 9월 충남 청양군 구봉광산 매몰사고 당시 광부 양창선 씨는 16일 만에 구조됐다. 갱구가 무너져 지하 125미터의 땅속에 묻혀 있다가 구조된 것이다. 그는 보통 사람으로는 상상도 할 수 없는 절박한 상황 속에서도 이제 죽었구나 하며 자포자기하거나 나의 운명이려니 하는 부정적 생각을 갖지 않았다. 어떻게든 살 수 있을 거라는 생각만 했다. 살아 나갈 수 있다는 불굴의 의지와 가능성의 사고가 그를 살린 것이다.

이렇듯 부정과 긍정은 평소 습관의 한 자락일 뿐이다. 부정도 긍정도 습관의 한 자락일 뿐이다. 내가 부정을 선택할지, 긍정을 선택할지는 그야말로 자신의 선택 여하에 달렸다.

아이들에게 감사하는 마음과 긍정의 씨앗을 심어 주고 키우는 일은 어렵지 않다. 부모가 나누는 대화에서 우리 아이들은 부정과 긍정을 아주 자연스럽게 경험하게 된다. 부정적인 이야기를 아예 하지 말라는 말이 아니다. 상황에 따라서는 적극적인 비판이 필요할 수 있고, 신중한 입장을 견지해야 할 때도 있다. 대책 없는 무모한 긍정보다는 신중한 부정이 더 나을 때도 있다. 그러나 분명한 점은 모든 일을 부정적으로 보는 태도와 신중함은 다르다는 사실이다. 자녀에게 이야기할 때에도 되도록이면 긍정적이고 인정하는 이야기를 많이 하자. 부모가 자신을 긍정적이고 감사하는 눈으로 바라보는데 아이가 엇나갈 가능성이 얼마나 될까. 부모 스스로 세상을 보는 눈을 끊임없이 매만지며 사랑하는 아이에게 긍정과 감사의 기운을 담뿍 쏟아 주자.

경청과 의사 전달 능력

사람은 사람을 떠나서는 사람답게 살 수 없는 사회적 동물이다. 하지만 저마다 생각과 행동, 가치관과 추구하는 것들이 사뭇 다르다. 다름을 인정하고 경청하며 이해하는 태도에서부터 우리 관계는 시작된다.

단순히 듣는 행위 자체만이 경청일 수는 없다. 상대를 이해하고 헤아리는 과정 전반을 일컫는다. 피터 드러커(Peter Drueker)는 "소통에서 가장 중요한 점은 상대방이 입으로 하지 않는 말을 듣는 것이다.”
라고 말한 바 있다. 상대방의 마음을 헤아릴 줄 안다 함은 그 상대방
에게 최소한의 도움을 줄 수 있다는 말과 크게 다르지 않다. 오로지
진심을 들어 주었을 뿐인데 내게 머리 숙여 감사를 표한 사람들도 있
었다. 상대방의 의견을 경청한 뒤 정제되고 절제된 자기 의견과 생각
을 적절한 시기와 상황에 맞게 전달할 수 있어야 한다.

경청과 의사 소통, 다시 말해 소통 능력을 키우기 위해서는 먼저 부
모가 아이의 의사 표현을 무시하지 말고 귀 기울여 들어 줘야 한다.
또한 아이들끼리 싸우거나 갈등이 있을 때에도 무조건 심판자적인 역
할을 하지 말고 상대가 하는 말에 귀 기울여 듣고 자기 생각을 차분하
게 말하게 해서 의견을 조율할 수 있도록 지도해 줘야 한다.

소통은 서로 윈윈(win-win)이자 기브 앤 테이크(give & take)이다.
협상도 소통의 일부분이고, 설득 또한 마찬가지다. Give라는 말이 먼
저 나오는 것처럼 내가 먼저 열고, 먼저 주는 것이다. 나만이 취하고
얻는다면 그 소통은 일회성 또는 일방적 의사 전달로서 다음을 기약
하기란 어렵다. 이 또한 행복의 필수 조건임과 동시에 우리 자녀들이
사회에 나가 가장 많이 사용하며 행복을 느끼게 될 특별한 관계 능력
인 것이다. 이를 훈련하고 준비하기에 가정만 한 훌륭한 곳이 또 어디
있겠는가?

꿈을 꾸고 키우고 이루는 능력

사람은 반드시 꿈을 꾸고 그 꿈에 물을 주고 관심을 기울여 키워서

결국 이루어 내야 한다. 꿈을 꾸고 키우기는 사람의 권리이자 의무이기도 하다. 진정한 꿈에는 몇 가지 속성이 숨어 있다고 확신한다. 그 가운데 하나가 철저히 자발적이라는 점이다. 자발적인 꿈은 강력한 추진력을 갖는다. 웬만한 방해물은 장애물로 간주되지 못할 정도다.

다른 한 가지 속성은 삶의 방향을 의미한다. 사람들은 살아가는 방향이 다 다르다. 자기 생각대로 사는 것인데, 그 생각이란 바로 꿈의 집합체이며, 그 생각의 결과가 지금의 현실인 것이다. 어떤 사람의 꿈을 들여다보면 그 사람의 미래를 내다볼 수 있는 척도가 될 때가 많다. 작든 크든 꿈이 없는 사람은 마치 운항하지 않는 배와도 같으며, 목적지 없이 하루하루를 살아 내기에 급급하다.

꿈의 또 다른 속성은 꿈을 이루는 맛을 본 사람들은 꿈이 습관이 된다는 점이다. 꿈을 이룬 뒤에도 계속 또 다른 꿈을 꾸고 실천해 나간다. 그런 행위를 통해 삶이 더 발전하고 풍요로워진다.

몇 해 전에 내 꿈 목록을 본 두 딸이 놀란 적이 있었다. 2000년부터 시작된 아빠의 꿈 목록이 계속 수정되고 더해지면서 발전하는 것이 신기했던 모양이다. 아이들은 아빠가 왜 이러한 꿈들을 꾸게 되었고 그때 상황이 어떠했는지, 어떻게 이루어 가고 있는지, 이룬 뒤에 느끼는 마음은 어떤지 따위를 물어서 한참 이야기를 나누었다.

아빠로서 꿈꾸는 모습을 보여준다는 사실은 매우 가치 있는 일이다. 부모가 꿈을 꾸면 이는 더 커지고 대를 이어 간다. 꿈꾸는 부모를 보며 아이들은 자신의 꿈도 생각하고 계획하고 실천할 수 있게 된다. 꿈이란 결코 먼 훗날 이루는 것이 아니라 지금부터 조금씩 이루어 갈 수 있음을 코앞에서 지켜 볼 수 있게 되는 것이다.

시행착오의 기회와 문제 해결 능력

어린 자녀에게 부모가 가장 많이 내뱉는 말은 바로 "하지 마!"이다. 스스로 무언가를 해 보고자 할 때 부모들은 제재를 가한다. 시간이 아까워서 '그냥 내가 하고 말지.' 하는 촉박한 마음, 실수할까 불안해하는 마음, 문제가 더 커질지도 모른다는 귀찮은 마음이 혼합되어 아주 간단하면서도 결정적인 명령형 단어로 표출된다.

"하지 마!"

하지만 이 말은 아이들이 몸으로 체득할 수 있는 시행착오 기회를 무참히 짓밟는다. 물론 절대 해서는 안 될 일이라면 단호한 면을 보임이 당연하지만, 일상에서 지나치게 남용된다는 뜻이다. 어린 자녀가 하려는 '작은 도전'을 막고 모든 일을 부모가 생각하는 정답의 길로만 가도록 가두며 키워 장성한 뒤에 "우리 애는 이것도 못하고 저것도 못하고……."라고 한탄만 한다면 누구의 잘못인가. 어른도 처음 하는 일에는 수십 번, 수백 번 시행착오를 하게 마련이다. 하물며 아이들에게는 왜 그럴 기회를 주지 않는 것일까?

문제 해결 능력은 그냥 키워지는 것이 아니라 수백, 수천 번 시행착오를 경험하면서 나온다. 어릴 때부터 다양한 경험을 통해 문제 해결 능력을 키워 온 사람은 사회에 나와서도 모든 상황에 능동적으로 대처하며 문제를 풀어 나갈 수 있다. 당신의 자녀가 살면서 어떤 문제를 만날 때마다 평생 피해 가는 모습을 보이기를 바라는가? 아니면 적극적으로 대처하며 지혜롭게 극복하는 모습을 갖춘 사람이기를 바라는가?

우리 자녀들이 문제를 만나면 "오우 예~"를 외치면서 해결의 실마리를 찾아보고 자신의 성장 계기로 삼는 멋진 사회인이 되었으면 좋겠다. 그래서 나는 가급적 아이들에게 "하지 마!"라는 말을 하지 않으려고 의식한다. 문제 해결 능력을 키우기 위해 영어, 수학 학원에 보내기보다 오늘 우리 가정에서 작은 실천을 해 보는 편이 더 효과적이다. "안 돼"라고 말하지 말고 아이의 시도를 허용해 주면서 가만히 지켜보자. 자신만의 문제 해결 방정식을 터득할 수 있도록 말이다. 이는 우리 자녀들이 앞으로 살아갈 삶을 헤쳐 나가는 데 매우 중요하고 가치 있는 엄청난 무형자산인 것이다.

자기 관리 능력

'세상은 공평하지 않다.'

이렇게 생각하면서 세상을 살면 조금은 덜 억울한 듯하기도 하다. 하지만 누구에게나 공평한 것이 몇 가지 있는데 그 가운데 하나가 시간이다. 청소부에게도, 대통령에게도 하루는 24시간이다. 누구에게나 똑같이 주어지는 이 시간 동안 우리는 가족과 지내고 일을 하며 자기 계발을 한다. 시간을 잘 조율해서 효율적으로 쓸 수 있는 사람일수록 행복하고 성공적인 인생을 살 수 있다.

돈은 또 어떤가? 우리는 태어나서 돈에 대해 배운 적이 없다. 돈을 버는 법과 쓰는 법으로 나눌 수 있는데, 이 가운데에서도 돈을 쓰는 방법은 대단히 중요하다. 나는 돈을 무조건 저축하는 행동을 반대한다. 자신이 하고 싶은 일에 돈을 쓸 줄 아는 사람이 되기를 바란다. 그렇게 돈을 사용하다 보면 그 과정 안에서 몇 가지 사실을 깨닫는다.

"나는 이런 일을 좋아하는구나!"

"앞으로 이런 일을 하고 싶다!"

"나는 누구인가?"

이러한 자문과 함께 돈의 가치 또한 깨닫게 된다. 옷을 사는데 단돈 1만 원 때문에 무척 고민하는 사람이 악기 하나에 50만 원을 전혀 아깝지 않다고 느낀다면 이다음에 그는 악기와 관련된 일에 재능을 나타낼 가능성이 높다. 부모는 이러한 점들을 세심히 관찰할 필요가 있다. 돈을 어디에 사용하느냐 하는 문제는 한마디로 인생 목표를 발견하는 일이기도 하다. "나는 무엇을 하고 싶은가?" "앞으로 어디로 가고 싶은가?" 이런 식의 고민은 계속되어야 한다.

마지막으로 열정, 다시 말해 에너지에 대한 이야기를 하겠다. 우리가 가진 열정(에너지)은 사실 메마르지 않을 뿐 아니라 끊임없이 솟구치는 것임에는 분명하지만, 그 열정을 따라 줄 신체적 조건과 환경들이 극히 제한되어 있기에 열정 분배를 잘해야 한다. 잘못된 곳에 열정을 쏟아붓는 순간 돌이킬 수 없는 결과가 나올 수도 있고, 가진 전부를 잃게 되는 경우도 있다. 자기 삶을 더욱 풍요롭고 행복하게 만들어 줄 수 있는 일에 열정을 쏟아부어야 한다.

누구나 알 수 있는 이 다섯 가지 행복 씨앗은 행복해질 수밖에 없는 에너지로 가득 차 있다. 이 씨앗들은 처음에 누구에게서 배우고, 언제 접하며, 무엇을 보고 듣고 자라느냐에 달려 있다.

나는 우리 집 세 아이들이 항상 1등을 하고, 누구나 알아주는 대학에 가고, 남들에게 인정받기 위한 직업을 얻는 데에는 관심이 없다. 아니 솔직히 말하면 관심이 없지는 않지만, 우선순위가 아니라는 말이다. 현실을 고려할 때 절대 무시할 수는 없지만, 절대로 부모의 의지로 자녀의 인생 지도를 그리지는 않을 작정이다. 그저 앞에서 말한 다섯 가지 능력을 키워 줄 수 있는 토양과 분위기를 만들고 모범을 보이는 모습이 내가 할 수 있는 전부인 셈이다.

그렇다면 어떻게 해야 다섯 가지 씨앗을 키워 낼 수 있을까? 한 가지 해답이 있다고 감히 말할 수 있다. 유아기부터 청소년기까지 가정 안에서 할 수 있는 가족 소통 시스템이 바로 그것이다.

우리 집에서 십수 년 동안 이루어졌던 이 가족 소통 방식이 반드시 모든 가정에 도움이 되리라는 보장은 없지만, 분명 가정마다 가족 구성원들끼리 소통하는 데 영감을 주리라 확신한다. 더불어 이 글을 접한 독자들이 좀 더 진보한, 좀 더 세련된, 좀 더 효율적인 가족 소통 시스템을 만들어 낼 수 있기를 기대한다.

Part. 03

'집구석'이 'Sweet Home'으로 대변신!

집안에서의 소통 필살기

Chapter. 1

눈높이 소통
손톱 깎기

행복한 가정은 미리 누리는 천국이다.
- R. 브라우닝

진짜 아빠로서의 역할을 다할 수 있고 가족과 소통할 수 있는 삶을 살기 위해 직업을 바꾼 뒤 쉽게 실천할 수 있는 무언가를 찾은 첫 번째 방법은 손톱 깎기였다. 새로운 일을 시작한 지 3개월이 채 되지 않았을 때였다.

아내는 술을 전혀 먹지 않고도 밤늦게까지 일하는 내 모습을 보며 불안감을 거두고 믿음을 쌓아갔다. 그즈음 아내에게 아주 작은 결심을 이야기했다.

"민형 엄마, 이제부터 우리 가족의 손발톱은 내가 책임질게!"

아내가 한 대답은 우스웠다.

"이제 철 좀 드시려나. 내 손톱은 됐고, 애들 손톱이나 책임지셔!"

15년이 지난 지금도 나는 아이들의 손발톱을 깎아 주고 있다. 내가 할 수 있는 가족 소통의 실천 첫 번째는 거창한 방법이 아니었다. 아주 손쉽고 시간도 들지 않으며 어렵지도 않았다. 2주 정도에 한 번씩 아이들의 손발톱을 주무르면서 아이들이 얼마나 사랑스러운지를 비로소 느끼게 되었다.

뭐든 꾸준히 하면 매우 큰 파급 효과를 가져온다. 손톱 깎기가 그랬다. 아이들이 어려서부터 손발톱을 깎아 주었기에 아이들에게는 당연하게 받아들여졌고, 그 짧은 시간 동안 나는 아이들 눈높이에 맞춰 그들의 관심사에 대해 이야기할 수 있었다. 불과 10센티미터도 안 되는 간격으로 머리를 맞대고 앉아 있기에 눈높이를 맞출 수 있었고, 소소한 이야기들이 이어졌다. 손톱 깎기는 비록 작고 사소한 행위이지만, 자녀와 눈높이를 맞추고 대화의 물꼬를 터 나가는 데 이만한 것이 또 어디 있겠는가?

요즘 패밀리레스토랑에 가 보면 종업원들이 손님 탁자 옆에 무릎을 꿇고 앉아서 주문을 받는 광경을 목격하게 된다. 고객과 눈높이를 맞춰 고객이 인정받고 싶어 하는 욕구를 충족시켜 주는 기업의 고객 감동 서비스 방침인 것이다. 가정 안에서도 아이들과 실제로 눈높이를 맞추면서 대화가 오고갈 때 심리적인 편안함은 물론 훨씬 자연스러운 대화가 가능하다.

우리 집에 아주 작은 행복이 스며들기 시작했고, 손톱 깎기를 함께 하는 행위만으로도 서로에게 관심을 가질 수 있다는 사실이 놀라웠다. 내가 아이들의 손톱을 깎아 주며 소통하는 모습을 본 아내는 아이들의 귀를 파 주기 시작했다. 이제 아이들은 당연하게 일주일에 한 번 엄마의 무릎베개에 머리를 얹고 귀를 맡기며, 아빠와 머리를 맞대고 넌센스 퀴즈를 풀면서 손톱을 깎고 있다. 이렇듯 손톱 깎기로 시작된 아빠의 소통 노력은 엄마의 소통 노력으로까지 확대되었다.

아이들이 초등학교 고학년이 되어서부터는 슬슬 사춘기와 탈선이 염려되기도 했고, 어느 누구도 장담할 수 없는 위험이 발생할 수 있다는 걱정도 했다. 질풍노도의 시기에 손톱 깎기 행위는 부모가 자신들을 얼마나 사랑하는지를 느끼게 해 주어 아이들의 반항심을 조절(?)해 준 걸까. 다행히 우리 두 딸은 사춘기가 있는지 없는지도 모르게 지나간 듯하다. 아니면 아직 오지 않았을지도 모르지만.

많은 가정에서 부모와 자식 사이에 대화다운 대화, 속 깊은 대화를 3분도 아닌 세 마디 이상 지속하기 힘들다고 호소한다. 가장 사랑스럽고 가장 가까운 가족인데도 겉도는 대화이거나 속마음을 내비치지 않는 기이한 현상이 우리네 가정에서는 비일비재하다. 손톱을 깎아 주면 친구에 대해서 물어볼 수도 있고, 관심사에 대해서 맞장구를 쳐 줄 수도 있으며, 아이가 세운 작은 목표를 격려해 줄 수도 있다. 아이가 어릴 때부터 꾸준히 실천한다면 부모 · 자식 사이에 대화가 막히는 일을 방지할 수 있다.

손톱 깎기를 이벤트나 놀이로 승화시킬 수가 있다. 여행을 하면서 새롭고 예쁜 손톱깎이를 사는 일도 소박한 재미다. 어느 집이나 손톱깎이가 두세 개쯤은 되겠지만 우리 집은 열 개가 넘는다. 아이가 세 명이다 보니 각자 취향에 맞는 자신만의 손톱깎이를 고르기도 하고, 그때그때 기분에 따라 선택하기도 한다. 해외여행 때마다 손톱깎이를 고르는 일도 의외로 재미를 안겨 준다. 어느 누가 손톱깎이를 선물로 사고 수집하겠는가? 값비싼 제품이 아니기에 가족 수보다 많은 손톱

깎이가 사치로 느껴지지는 않는다. 아이들이 기분이 좋을 때면 손톱 깎는 순서를 정하고자 가위바위보나 사다리를 타며 놀이로 유도하기도 한다. 아주 시시하고 유치한 행위들이 사실은 우리 마음을 흔드는 경우가 흔히 있다. 손톱 깎기 또한 그 일종이다.

두 딸이 중학생이 되고부터는 손톱 깎기에 무척 신경을 쓰지 않으면 안 되게 되었다. 이제 용모와 미용에 신경을 쓸 나이가 되었기 때문에 무조건 바싹 깎아 주기만으로는 아이들의 미용 욕구를 충족시킬 수가 없다.

"아빠, 손톱 끝을 동그랗게 자르면 안 예뻐요."(큰딸)

"난 그냥 끝을 다듬어만 주세요. 친구들도 손톱을 길러서 나도 그렇게 해 보려고요."(작은딸)

덕분에 나는 손톱 미용사가 아닌데도 여자 손톱을 잘 만져 주는 기술(?)을 보유한 사람이 되었다. 원하는 대로 모양을 만들어 주거나 긴 손톱 상태를 유지하며 다듬어 주기만 하는 경우도 가끔 있으며, 때로는 매니큐어를 발라 주기도 한다. 아이들이 내 발톱에 매니큐어를 바르는 경우도 있었다. 어차피 2주마다 이어지는 작은 행사이기에 자신이 원하는 방향으로 한다고 해서 큰 문제가 되지는 않는다. 손톱을 깎는 진정한 목적은 소통이기 때문이다.

어떤 모임에서 우리 집 손톱 깎기 행사가 화제가 되었던 적이 있었다. 매우 권위적인 느낌을 풍겼던 한 분이 "아이들 손톱을 부모가 깎아 주면 아이들의 독립심을 저해해서 안 된다."라고 하면서 단호한 입장을 밝혔다. 마치 예능을 다큐로 받아치는 썰렁한 분위기가 연출되었다. 나는 그러한 걱정은 눈곱만큼도 할 필요 없다며 웃음으로 답했다. 우리 집 아이들은 모든 행동이 자발적이다. 자녀들의 독립심이란 손톱 깎기 한 가지로 가늠하기에는 큰 무리가 따르기도 하거니와, 손톱 깎기를 함으로써 얻는 바를 생각한다면 걱정할 이유가 없다는 생각이 내 경험에서 얻은 결론이다.

우리 집 손톱 깎기 행사는 반드시 자녀와의 소통만을 위한 일은 아니다. 나는 어머니 손발톱도 자주 깎아 드린다. 어머니가 해 오신 고생이 내게 애틋하게 다가올 기회가 바로 손발톱 깎기를 실천할 때다. 예상외로 많은 사람이 부모님의 발을 씻어 드리거나 손발톱을 깎아 드린 적이 별로 없는 듯하다. 나는 아이들의 손발톱을 깎으면서 내친김에 어머니도 깎아 드리겠다고 말한다. '내친김에'라고 표현하는 이유는 어머니가 쑥스러워하시고 미안해하시기 때문이다.

"아이고, 귀찮다! 내 손톱은 내가 깎으마."

몇 번 손사래 치는 어머니에게 "애들 거 깎는 김에 어머니도……." 라고 하며 자연스러운 분위기를 연출했다. 어머니의 발톱을 깎을 때면 늘 드는 생각이 있다.

'그동안 고생하셨는데 정말 잘해 드려야지! 가장 좋은 효도란 부모 마음을 편하게 해 드리는 것인데, 그게 참 어렵네.'

이렇듯 독백 아닌 독백을 하곤 한다. 이러한 생각 자체가 나 스스로 효에 관한 동기부여를 받는 셈이다. 생각은 비록 작심삼일로 끝날지 모르나 그 작심삼일을 지속할 수 있는 기회가 2주 또는 한 달마다 주어지는 셈이니 이 또한 나쁘지 않다.

사무치도록 존경스러운 어머니께 사랑한다는 말을 내뱉기가 쑥스럽다면 이 방법은 몸으로 보여 주는 사랑 표현이 되기에 충분하다. 농담을 섞어 가며 어머니와 대화를 하는 모습 그 자체가 자녀에게 보여 줄 수 있는 산 교육이라고 자부한다. 딱딱해지고 거북이 등같이 되어 버린 어머니의 발을 만지면 가끔 눈물이 핑 돌 때도 있다. 세월이 흘러 나도 나이가 들고 세 아이를 키우면서 산전수전을 겪다 보니 이제야 비로소 어머니의 지난 시절을 아주 조금이나마 감히 헤아려 볼 수 있기도 하다.

가족 소통 채널로써 처음 시도한 손톱 깎기는 어느 누구나 해 볼 수 있는 어렵지 않은 소통 방법이다. 어색하거나 쑥스럽다는 생각에 망설여진다면 어느 날 식사를 하며 가족들에게 확 선포해 버리면 된다.

"이제부터 아빠가 우리 가족 손발톱을 책임질 테니 아빠에게 맡겨 다오!"

그런 다음 손톱을 깎는 불과 10여 분 정도 되는 시간 동안 자녀와 아내, 부모와 나눌 대화 소재를 미리 준비해 보라. 되는대로 일상을 이야기하는 것도 나쁘지 않지만, 10분 동안 나눌 대화를 미리 준비한다면 많은 것을 얻을 수 있다.

나는 주위에 떠도는 우스갯소리나 재미난 이야기들을 스마트폰에 미리 메모해 두었다가 써먹는 편이다. 웃음은 예상보다 훨씬 더 사람 마음을 여는 데 효과가 있다. 이를테면 손톱을 깎으면서 아빠가 말을 건넨다.

"과일이 영어로 뭔 줄 아니?"

아이는 넌센스 퀴즈임을 알아차리고는 바로 맞받아친다.

"서비스죠! 그럼 아빠, 물은 영어로 뭔 줄 알아?"

"셀프잖아."

딸들과는 이런 퀴즈를 주고받고, 어린 막내에게는 다소 황당한 이야기를 들려준다.

"현우야, 너 옛말에 '어중이떠중이'라는 말이 있는 걸 아니? 이놈 저놈을 통틀어서 아주 낮게 부르는 말이거든. 아빠가 '어중이떠중이'란 말이 어떻게 생겨났는지 알려 줄게."

이렇게 말하면 막내는 눈을 반짝이며 이야기에 집중한다.

"옛날 어느 마을에 도사 같은 스님이 살았는데 아무도 본 적은 없다네. 근데 그 도사 같은 스님이 100년 만에 산에서 마을로 내려온다는 소문이 난 거야. 동네가 발칵 뒤집혀서 모든 사람이 그 스님을 보러 내려왔어. 드디어 그 도인 같은 스님이 마을로 내려와서는 불경을 외우기 시작한 거야. '마하반야바라밀다심경 관자재보살 행심반야바라밀다시…….' 근데 그 순간 말로만 듣던 공중부양술로 몸이 위로 둥실둥실 뜨는 거야. 사람들이 박수를 치고 난리가 났는데, 뒤에서 어느 할머니가 말씀하시기를 '어! 중이 떠, 중이!' 그래서 '어중이떠중이'라는 말이 나왔다네. 하하!"

이제 중·고등학생이 된 두 딸은 아빠가 하는 말이 유머임을 알아차리고 "에이, 그게 다 뭐야!"라고 말하는 경우가 잦지만, 노력을 인정해서인지 요즘은 아는 유머도 끝까지 들어 주는 인내심을 발휘한다. 유머는 찾아보면 얼마든지 있다. 요즘은 밴드나 카카오톡 같은 SNS를 통해 최신 유머를 바로 접할 수도 있고, 비슷한 유머를 만들어 쓸 수도 있다.

짧은 시간 동안 얼마나 소통할 수 있겠냐고 하는 사람들도 있었다. 길어야 10분을 넘지 않을 시간이지만, 결코 얕잡아 봐서는 안 된다.

10분이라는 시간은 생각보다 많은 일을 할 수 있는 시간이다. 수천만 국민들을 하나로 만들 수 있는 명연설을 하는 대통령의 핵심 연설 시간도 채 10분을 넘지 않는다. 평생 뇌리에 남아 누군가의 삶에 긍정적인 영향을 주는 영화의 하이라이트 장면이나 동기부여 동영상 또한 불과 5분도 되지 않는다. 온 가족의 손톱을 한꺼번에 깎아 준다 해도 길어 봐야 20분을 넘지 않는다. 햇살 쏟아지는 평화로운 주말을 이용해 10분, 아니 단 5분의 배려로 가족 소통을 시작해 보면 어떨까?

Chapter. 2

집안의 대소사,
가족회의

"가족끼리 무슨 회의를 해요? 안 그래도 회사에서 회의 많아 골치 아픈데……."

우리 집 가족회의 사진을 신문과 잡지에서 본 지인이 물었다. 그럴 법도 하다. 그렇잖아도 신경 쓸 일이 많은 세상에서 뭔가를 또 만들어 한단 말인가. 게다가 회의라니. 가족끼리 회의라는 형태로 정기적인 모임을 갖는 집이 얼마나 될까?

하지만 우리 집은 오랫동안 해 온 가족회의를 함으로써 가족 사이에 소통과 끈끈한 유대감을 다지는 데 톡톡히 효과를 봤다. 물론 우리 집도 처음부터 잘 되지는 않았다.

"가족회의, 그게 뭔데요?"라고 묻는 아이들부터 "그런 게 무슨 필요가 있겠어요?"라고 반응하는 아내까지. 낯선 것을 선뜻 받아들이려고 하는 사람은 드물다. 그 필요성에 대해 설득을 해서 간신히 시작했어도 대수롭지 않게 생각한 가족들이 회의하기로 약속한 시간에 다른 일을 잡기도 했다. 회의 자리에서도 열심히 의견을 나누는 분위기가 되지 못했다. 회의라는 이름으로 모이니 어색해하면서 말하지 못하고 서로 미루기도 했다. 정기적으로 회의가 이어지도록 자리를 잡기까지 무려 5~6년이나 시간이 필요했다.

문제는 가족들만이 아니었다. 회의를 하자고 제안한 나 자신도 문제였다. 처음 취지는 가족 구성원끼리 소통을 해서 서로 대화할 기회를 갖자는 뜻이었지만, 정작 회의 자리에서 나는 결론을 거의 준비하다시피해서 이야기했다.

"그러니까 이번에 휴가 가는 거 말이야. 친구가 말한 캠핑을 함께 가자고."

"아빠, 그때 나는 보람이네 집에 놀러 가기로 했다니까."

"친구와 한 약속은 나중으로 미뤄. 가족끼리 함께하는 게 중요하지. 오랜만의 황금연휴잖아."

"여보, 큰애가 보람이하고 한 약속으로 굉장히 들떠 있어요. 그리고 나도 당신이 얘기한 그 친구네 가족과 가는 거 좀 불편해요. 당신 친구지, 나는 한두 번 얼굴 본 게 전부인데."

"무슨 소리야. 그 친구 덕분에 이번에 굉장히 좋은 장소를 섭외했어. 게다가 장비도 완벽하게 준비했고. 우린 먹을 거만 싸 가면 돼. 얼마나 좋은 기회야."

"우리끼리 가면 어때요? 낯선 사람이랑 가는 거보다는 나을 것 같은데."

"가서 친해지면 되지. 캠핑의 묘미가 낯선 사람들하고도 친해지는 거야."

이런 식이었다. 가족의 의견을 들을 자리를 만든다고 해 놓고 나는 귀를 닫은 채 오로지 내 의견을 주장하고 설득하고 있었다. 마치 사무실에서 명령 하달의 명분을 만드는 회의석상이 재현된 듯했다. 그러다 보니 아이들은 불만이 많았고, 아내는 자연스럽게 무조건적인 방어 태도를 취하게 되었다. 언성이 높아져 안 좋은 분위기로 회의가 끝날 때가 많으니 가족회의가 자리를 잡을 리 만무했다.

몇 년 동안 시행착오를 겪으면서 우리 가족은 가족회의를 하는 본래 취지를 살릴 수 있는 운영 규칙을 하나씩 만들어 갔고, 모두 다섯 가지 규칙을 세우게 되었다.

실행 철저

철대 존대

경청 우선

역할 분담

안건 중심

첫째 '실행 철저'란 가족회의 결과의 최우선 목표다. 가족회의가 우리 가족의 최고 의결 기구로서 지속성과 권위를 가지기 위해서는 안건 실행에 대한 후속 조치(follow up)가 있어야 한다. 회의가 회의로만 끝난다고 문제되지는 않지만, 가족 구성원 모두 통과된 안건을 중요시하여 반드시 실행한다면 가족회의의 권위와 소통 채널로서의 위상은 자연스럽게 확보될 것이기 때문이다. 이를 잘 운영해 나가기 위해 아빠는 바로 실천할 수 있는 형광등 갈기나 마당 화분 정리 같은 사안들을 미리 안건에 넣어 회의가 끝나는 즉시 실행하는 모범을 보이는 행동도 비결이라고 할 수 있다.

둘째 '절대 존대'는 장장 5~6년 동안 가족회의를 수없이 시도하면서 겪은 시행착오를 한방에 날려 주었던 매우 유익하고 혁신적인 규칙이다. 앞서 이야기했듯이 가족회의를 진행하는 데 큰 문제점은 자꾸만 자기 주장을 관철시키고자 했던 나 자신이었다. 내 주장을 하다가 마찰이 생기고 언성이 높아지는 경우가 반복되었다. 그러다가 회의 시간에 존댓말을 사용하자는 규칙을 세우게 되었고, 이는 화가 난 감정을 누그러뜨리는 데 탁월한 효과를 발휘했다. 뿐만 아니라 내 남편, 내 아내, 내 아이들, 어린 동생들이지만 마냥 편해서 그냥 대하지 않게 되고 존중하는 마음이 생기기 시작했다. 따라서 자연스럽게 상대방의 말에 귀를 기울이게 되고 마음이 열렸다. 존댓말이 가지는 위력은 정말 놀라웠다.

우연히 보게 된 텔레비전 드라마에서 남편이 아내에게 운전을 가르쳐 주는 장면을 본 적이 있었다. 나 역시 아내가 운전면허를 따는 데 직접 가르쳐 주는 혁혁한 공을 세웠지만, 많은 불협화음을 겪었다. 그런데 텔레비전에서 운전을 배우던 아내와 가르치던 남편이 말다툼을 한 끝에 더 이상 지속되지 못할 상황에서 서로에게 '존대'를 하라는 처방을 받은 뒤에 그 위기를 벗어나는 상황을 보며 존댓말이 가지는 위력을 실감했다. 나는 바로 따라 하기로 마음먹고 우리 집 가족회의에 접목했는데, 이것이 효과가 좋았다.

셋째 '경청 우선'은 회의 때 누군가가 하는 말을 끝까지 들어 주는 태도를 말한다. 자신이 먼저 말하려고 다른 사람이 하는 말을 자르거나 끼어드는 행동을 방지하기 위함인데 덕분에 경청 훈련도 되고, 다른 사람이 말하는 방법을 들으면서 자신이 말하는 방법을 보완하고 준비하는 기회가 되기도 한다. 누군가가 말을 자르면 이때만큼은 아빠가 근엄한 존댓말로 제지한다. 이는 교육의 일환이기도 하다.

넷째 '역할 분담'은 가족회의를 할 때 모든 준비를 누구 한 사람이 맡아서 한다면 다른 사람들의 참여와 관심을 이끌어 내기 어렵다고 생각해서 나온 규칙으로, 구성원 모두의 회의 참여도를 높이고 책임감을 심어 줄 수 있는 계기가 되었다. 우리 집의 경우 호기심 많은 큰 딸 민형이가 안건을 미리 수집하는 역할을 맡았다. 원칙주의자인 둘째 딸 민지는 서기와 총무 역할을 맡아 가족회의에서 의결되는 모든 안건을 일목요연하게 정리해 인터넷 가족 카페(지금은 내 블로그)에 포스팅하는 역할을 수행하고 있다.

"엄마, 이번 달 줄넘기 용돈이 왜 2만 원이에요?"

"지난달 가족회의 때 줄넘기 1,000개당 1,000원으로 결정했잖아."

"그랬어요? 생각이 잘 안 나는데."

"카페에 들어가 보면 기억이 날 거야."

이처럼 지난 회의 안건과 결론을 잊어버리더라도 다시 상기할 수 있다. 아내는 의결된 안건에 대한 실행 보드를 만들어 거실에 부착하는 역할을 맡고 있다. 아빠인 나는 공정한 진행을 맡았고, 아직 일곱 살인 막내 현우는 참석 자체가 주어진 역할이었지만, 지금은 존댓말 규칙을 체크하는 보안관 역할을 맡고 있다.

마지막으로 '안건 집중'은 회의 때 과거에 있었던 일을 들춰내거나 안건과 무관한 일을 끄집어내서 회의 분위기가 산만해지거나 주제가 흐트러지지 않게 방지하는 규칙이다. 안건을 올리면 어떻게든 처리가 된다는 믿음이 쌓이다 보니 아이들과 아내는 공동 이익이 있는 관철시키고픈 안건들을 올려 협조를 당부해서 나를 당황시킨 적도 있었다.

"아빠, 우리 텔레비전 설치를 안건으로 채택했어요."

순간, 긴장감이 돈다. 우리 집에서 텔레비전을 없앤 지가 10년을 넘어선지라 아빠로서는 갑작스러운 기습 공격을 받게 된 셈이었다. 이렇게 함께 모이면 아빠로서는 방법이 없어진다. 텔레비전 설치와 안건 기각에 관한 찬반 논리가 무척이나 열띤 토론이 되었다. 네 식구가 아빠 한 사람을 상대로 덤비는 데에는 당해 낼 재간이 없었다. 두 딸이 자랐음을 느끼는 뿌듯한 순간이기도 했다. 결과는 텔레비전이 없었기 때문에 아이들이 책과 친해질 수 있었다는 점을 들어 일곱 살 막내 현우를 위해 당분간 이 안건을 뒤로 미루자고 한 내 제안이 무사히 받아들여졌다. 아마도 조만간 집에 텔레비전이 다시 등장할지도 모를 일이다.

이렇게 다섯 가지 규칙을 통해 우리 가족회의는 일주일에 한 번도 시도해 보고 2주에 한 번씩도 시도해 보았지만, 지금은 한 달에 한 번 안정적으로 진행되고 있다.

우리 집 가족회의 모습을 살짝 공개하면 이렇다. 가족회의가 시작되면 첫 번째 순서는 칭찬하기다. 가족 구성원 누군가에 대해 저마다 칭찬 한 가지씩 미리 준비한다. 이를 위해 2주 또는 한 달 동안 가족들에 대한 관찰이 절대적으로 필요하다.

"저는 현우를 칭찬할래요. 신발을 벗은 뒤에 가지런히 놓는 모습을 여러 번 보았어요."(큰딸)

"저는 엄마를 칭찬하겠습니다. 엄마가 지난주 토요일에 해 주신 호박찜 요리가 너무 맛있어서 지금도 생각하면 입에 침이 고여요."(작은딸)

"저는 아빠를 칭찬할래요. 어제 아빠랑 함께한 블록 놀이 재밌었어요."(막내아들)

칭찬은 반드시 구체적인 실례를 들어 이야기한다. 이렇게 하면 분위기가 무르익고 마음의 문을 열 수 있는 기반이 만들어진다. 가끔 가족회의를 앞두고 부부 싸움을 하거나 아이들을 야단치는 바람에 집안 분위기가 냉랭할 경우 가족회의가 열리면 분위기는 싸늘하기 짝이 없다. 이때 돌아가면서 칭찬으로 회의를 시작하게 되면 어느새 가족회의 속으로 빨려 들어가게 된다. 더없는 효과를 보는 것이다.

두 번째로 각자의 일정을 공개해서 저마다 수첩이나 달력에 표시를 해 모두가 다 알 수 있게 한다. 이는 대단한 위력을 가지고 있다. 서로의 한 달 일정을 알 수 있음은 서로에게 관심을 가질 수 있다는 뜻이다. 아빠는 아이들의 학교 행사나 친구 모임, 아내의 개인 모임 같은 일정을 알게 됨으로써 가족들을 격려하거나 지원하는 등 관심을 표명할 수 있는 정확한 정보를 얻게 되는 것이다. 가족 행사라면 모두가 가능한 날짜를 조율하고 그에 따른 준비를 한다. 예를 들어 아빠의 생일이 다음 주라면 생일 축하는 언제 어떻게 할지를 정하는 것이다. 생일인 사람은 세족식(洗足式)을 준비하고, 엄마는 그날 메뉴에 대한 의견을 구한다. 아이들은 선물에 대한 서로의 생각을 나눈다. 물론 선물은 비밀인 경우가 많다.

세 번째는 안건 토의에 들어간다. 살짝 긴장감이 돌기 시작하는 때다. 아이들 학원 문제나 용돈 문제, 고모 생일이나 외갓집에 가서 어떻게 놀지, 가족 여행지는 어디가 좋은지, 아빠의 대학원 진학, 회사 문제까지도 나온다. 송년 이벤트로 가족의 꿈 목록을 만들자는 안건이 나온 적도 있었다. 딸들이 운동화를 사 주어야 하는 안건을 논리적으로 준비해 와서 아내와 함께 속으로 웃었던 적도 있었다. 이때만큼은 아빠도 중대한 일정상의 마찰이 있을 수 있기 때문에 준비를 하는 경우가 많다. 처음에는 안건이 몇 개 안 되어 생각해 내라고 쫓아다니는 큰딸 민형이의 모습을 볼 수 있었지만, 지금은 넘쳐난다. 그만큼 가족회의가 활성화되었음을 의미한다.

마지막으로 지난 회의에 대한 평가를 한다. 안건이 어떻게 실행되었는지 피드백을 하는 시간이다.

이처럼 우리 가족은 회의 때 매우 구체적이고 현실적인 집안 대소사를 거의 공개해서 처리해 왔다. 탁자에 놓인 간식과 차를 마시면서 열띤 토론을 하고, 편이 갈려서 거의 전쟁을 방불케 할 때도 있다. 이럴 때 내 아내, 내 남편, 우리 아이들의 생각과 가치관을 읽어 낼 수 있다. 무척이나 소중한 시간이다.

가족회의는 생각지도 못했던 이로움을 가져다주었다. 첫째는 가족의 대소사를 결정할 수 있는 민주적인 채널이 존재한다는 사실 그 자체이고, 둘째는 자녀의 진술하고 책임 있는 의사 통로가 생겼다는 점, 셋째는 가족 구성원 각자의 일상과 관심사, 목표에 대해 깊이 있게 알게 되어 이해할 수 있는 폭이 넓어지고 깊어진다는 점이다. 마지막으로 가족이 합의하고 결정한 사안에 대한 준비성이 몰라보게 호전되는 상황을 접할 수 있다.

이 밖에도 자질구레한 의사 결정을 해 나가는 과정에서 아이들의 토론 실력과 안건에 대한 준비 능력 등이 향상되는 모습을 지켜보는 일도 행복한 즐거움이다. 사실 이러한 규칙들은 가정뿐 아니라 사회에서도 반드시 필요한 규칙이다. 이런 것들이 가정에서 훈련된다면 나중에 아이들이 자라서 어른이 되었을 때 어디를 가도 환영받는 사람이 될 수 있을 것이다.

어떤 조직도 회의 없는 조직은 없다. 회의 없이 의사 교환을 하거나 결정을 하기는 불가능하다. 집 안에서 일어나는 많은 대·소사들과 서로간의 일정을 공유하는 정기적 가족회의는 가장 훌륭한 시스템 차원의 회의체임을 확신한다

그러나 가족회의에 정답은 없다. 집집마다 구성원이 다르고, 자녀 수와 연령대가 다르며, 서로 처한 상황이 다르기 때문이다. 그래서 우리 집 가족회의가 정답이라고 말할 수는 없다. 수없이 좌충우돌해 가며 정착된 우리 집 가족회의 방식을 통해 각 가정에 맞는 방식을 찾아내어 활용하기를 바라는 마음이다.

가족회의 사례 소개

가족회의를 통해 다루었던 안건 가운데 우리 가족의 기억에 남은 한 가지를 소개하겠다.

큰딸 민형이가 중학교 1학년 때 책에서 본 '파자마 파티'를 꼭 해 보고 싶다고 우리 부부에게 이야기했다. 아내는 일언지하에 거절했

다. 이유는 어느 엄마가 시험이 임박한 때에 중학생 딸을 남의 집에 가서 자고 오게 하겠냐는 것이었다(사실 그때는 시험을 앞둔 시기였다). 더불어 집에 손님이 여러 명 와서 하룻밤 자는 일도 부담스럽다고 했다. 아무리 아이들이라 해도 주부 입장에서는 이것저것 준비해야 하므로 부담이 되는 것이 당연했다. 민형이는 시무룩해졌고, 나는 잠시 뒤 따로 불러 제안했다.

"가족회의에 안건을 올리면 어떨까? 아빠가 지원사격을 해 줄게. 하지만 너도 엄마가 반대하는 이유가 타당한 만큼 그 이유를 잘 생각해서 대안을 마련해 이야기해야 해."

큰딸은 엄마가 반대한 이유 두 가지에 대한 각각의 대안을 마련했고, 가족회의 때 '파자마 파티'를 안건으로 올렸다.

"엄마가 말씀하신 대로 남의 집에 딸 보내는 걸 불안해하는 부모님이 충분히 있을 수 있으니 엄마와 아빠 전화번호를 적은 초청장을 만들어 친구들의 부모님께 보여 드리려고 합니다. 그리고 친구들이 여러 명 오면 엄마가 부담스러우시니까 먹을거리는 딱 한 가지만 준비해 주세요. 그리고 저희는 2층에만 있겠습니다."

큰딸이 차분하게 설명한 뒤 나는 지원사격을 하기 위해 나섰다.

"민형이가 이야기한 대로 한다면 엄마의 부담을 줄일 수 있으리라 생각합니다. 다른 가족들 입장에서는 좀 불편할 수 있겠지만 2층에만 머물겠다니 불편을 최소화할 수 있을 테고요. 학창 시절에 친구와 밤을 새며 수다를 떨어 보는 건 커서도 좋은 추억이 될 겁니다. 추억은 돈 주고 사기도 힘든 겁니다. 민형이의 추억 쌓기를 위해 조금씩 협조해 주면 어떨까요?"

딸의 논리적인 설명과 내 지원사격에 아내는 웃으며 파자마 파티에 동의했다. 둘째 민지는 "나중에 저도 해 줘야 돼요?"라고 하며 부러워했다.

민형이는 약속대로 초청장을 만들어 일주일 전에 전달했다. 파자마 파티 당일에 나는 일찍 퇴근해서 막내 현우와 함께 풍선으로 벽과 천장을 장식했다. 이 모습에 큰딸과 친구들은 무척 감동했다. 왜냐하면 풍선 하나하나에 자신들의 이름과 별명, 소원 따위를 써 놓았기 때문이다. 아내는 아이들이 직접 김밥을 싸 먹을 수 있도록 재료를 충분히 준비해 두었다. 다음 날 아침에 아이들은 김밥을 싸면서 웃고 즐거워했다. 돈 주고도 사기 어려운 학창 시절의 추억을 갖고 싶어 한 민형이의 바람은 가족회의를 통해 이루어졌다.

Chapter. 3

행복 충전,
가족 식사

마른 빵 한 조각을 먹으며 화목하게 지내는 것이,
진수성찬을 가득히 차린 집에서 다투며 사는 것보다 낫다. - 성경

'대화가 필요해'

수년 전 KBS 〈개그콘서트〉 프로그램에서 대단한 인기를 누렸던 코너다. 묵뚝뚝함을 상징하는 경상도 아빠, 잔소리 대명사 엄마 그리고 반항의 아이콘인 청소년 아들로 분한 개그맨들이 의미심장한 웃음을 선사한 코너였다.

텔레비전 개그 프로그램이 인기를 얻는 현상은 사회상을 반영한다. '대화가 필요해'는 가족이 그만큼 대화가 안 된다는 점을 시사했고, 서로가 각자의 이야기만을 던지고 마는 불통의 시대, 먹통의 시대를 살고 있는 현실을 식탁에서의 가족 소통을 주제로 개그로 꼬집었다.

언제나 느끼는 점이지만, 행복은 그리 먼 곳에 있지 않다. 자질구레한 일상들이 모이고 모여 행복을 만들어 내는 것이다. 그 행복한 가

정을 단적으로 보여 주는 장면이 가족끼리 모여 소소한 일상들을 반찬 삼아 함께 이야기하는 모습이다. 식탁에 모여 일상을 이야기하며 서로 편이 되기도 하고, 의견을 구하기도 하며, 서로의 일상에 관심을 가지면서 때로는 부드러운 꾸지람과 경고가 이어지기도 한다. 이것이 바로 행복이다.

가족 식사 자리는 소통의 장이며, 가족의 하루 일과를 요약·공유할 수 있는 매우 의미 있는 자리다. 가족과 함께하는 아침 식사에서는 오늘 일어날 각자의 일들에 대해 서로 관심을 가지고 물어봐 준다. 맛난 반찬이 대화 소재가 되기도 하고, 오늘 일어날 일들에 대해 특히 부모가 관심을 가지고 물어봐 줌으로써 이야기가 시작되기도 한다.

"오늘 유치원 반찬이 장조림인데, 우리 현우 밥 많이 드시겠네요!"라며 장난을 걸거나, "우리 민형이 오늘 성적표 나온다는데, 불안해서 어쩌지?" 하고 속내를 떠보기도 한다. 응당 나올 법한 대꾸가 쏟아진다.

"내일은 엄마가 흰옷 빨래하는 날이니까 속옷과 흰 티셔츠 다 내놓으세요!"

엄마의 세탁 일정에 차질이 없도록 준비하기도 하고, 가족회의가 있는 주에는 가족회의 실천 사항을 점검하는 발언도 튀어나온다.

"내일까지 아빠는 싱크대 경첩을 수리해 주기로 한 날입니다."라는 아내의 요구도 단골 발언이다. 아침 식사 자리는 서로가 서로에게 비서가 되어 오늘 일정에 대해 간략한 브리핑이나 다시 한 번 상기시키는 중요한 자리이며, 이는 가족 구성원에 대한 관심의 표현이다.

자연스럽게 아빠의 퇴근 시간과 아이들의 하교 시간을 체크하고, 오늘 각자에게 있을 중요한 행사에 대해 이야기한다. 물론 아빠의 일정이 불투명한 경우가 가장 많기는 하다. 여섯 식구 모두가 서로의 일정에 대해 알고 있으면 서로에게 관심을 가져 줄 기회가 늘어나게 된다. 응원과 격려 메시지를 때맞춰 보내 주기도 한다.

"아빠, 어제 코 엄청 고시던데 오늘은 일찍 들어와 쉬셔요."(큰딸)

"내가 어제 좋은 꿈을 꿨는데, 그 좋은 기운을 당신한테 전부 드릴게요."(아내)

"고마워. 꿈 얘기 들어 보고 내가 꿈값 줄게. 우리 두 딸도 오늘 시험인데 문제를 제대로 이해하는 게 제일 중요하다는 거 잊지 말고."(나)

아침에 눈뜨자마자 골치가 아프더라도 가족의 응원을 받으면 아픔이 가라앉는 느낌을 받는다. 그야말로 치유가 되는 것이다.

아이들은 자신이 먹은 밥그릇과 국그릇을 싱크대로 가져다주는 수고 정도는 이제 습관이 되었다. 식사를 마치면 양치를 하고, 나갈 채비를 한다. 현관에 서서 자녀와 포옹을 하거나 하이파이브를 외친다. 우리 가족은 아침에 든든한 응원군들로 둘러싸여 힘을 얻은 뒤 세상 밖으로 나가게 된다.

미국 캘리포니아 병원에서는 아침 식사를 하는 사람과 거르는 사람과의 사망률에 대한 조사를 한 적이 있었는데, 아침을 거르는 환자 7,000명을 대상으로 조사한 결과 아침을 먹는 사람에 비해 남자는 40퍼센트, 여자는 28퍼센트가 사망률이 높았다는 충격적인 결과가 나왔다. 아침을 먹느냐 안 먹느냐 하는 선택이 주는 영향이 이렇듯 적지 않은데, 나는 한술 더 떠서 아침밥을 가족과 함께 먹기를 주장하는 바다. 가족 구성원의 일정과 바이오리듬, 일상의 주기가 달라서 함께 식사하기 어려운 경우도 많다. 아침이 어렵다면 저녁 식사를 함께 할 수 있으면 좋고, 그것도 힘들다면 최소한 주말이나 공휴일 같은 함께 모일 수 있는 일정을 확보해야만 한다.

예로부터 우리는 가족을 식구(食口)라고 말해 왔다. 가족이란 모름지기 '음식을 함께 먹는 사람'으로 이해하고 있다는 증거다. 대한민국 사회 특성상 일반적인 사회인이라면 매일 아침저녁을 항상 가족과 먹기는 불가능하다. 다만, 가족과 함께하는 식사가 일주일 21끼니 가운데 최소 3분의 1은 되어야 가족 사이에 대화가 원활해지고 서로를 이해하는 데 커다란 도움이 되지 않을까.

우리 가족의 경우 일주일 가운데 일요일 아침과 두 딸이 학교에서 선도를 서는 날이나 내가 일찌감치 회사에 가는 날을 제외한 3일 정도를 모두가 함께 식사를 하는 편이다. 함께 식사하는 여부를 떠나 온 가족이 반드시 아침을 먹고 나간다. 나는 일주일 가운데 2~3일은 8시쯤 퇴근해서 저녁을 함께 먹는다. 내게 가족과 함께하는 저녁 식사는 어떤 고객과의 상담과 견주어도 동등한 무게를 가진다. 그리고 일요일 하루는 온종일 가족과 함께 지낸다. 그러다 보니 일주일 가운데 7~10끼 정도는 함께 식사를 하는 자리가 마련된다. 그만큼 소소한 일상에 대해 서로를 알 수 있게 되고, 관심을 가질 기회가 많아지는 셈이다.

나 같은 경우는 직업을 바꾸었기 때문에 이러한 일정 조정이 가능하다. 직장 생활을 하는 아빠들에게는 쉽지 않은 부분이다. 그런데도 아빠가 가져야 할 중요한 생각 가운데 한 가지는 사회생활에서 벌어지는 약속과 관계만큼 가족과 한 약속과 일정에도 똑같은 무게를 두어야 한다는 사실이다. 회사 시스템이 우선일 수밖에 없는 상황은 충분히 이해하지만, 자신만의 방법을 찾아 가족과 한 약속에 무게를 두기 시작하면 가족과 함께하는 식사 횟수는 조금씩 늘어날 수 있다.

나는 2003년에 아이들과 아내를 캐나다로 1년 동안 보낸 적이 있었다. 이른바 기러기 아빠였다. 퇴근해서 집에 들어오면 썰렁한 거실이 싫었고, 아침에 일어나 아내가 달그락거리며 밥 짓는 소리가 사라진 느낌을 아직도 떠올리기 싫다. 아이들은 아이들대로, 아내는 아내대로 현지 적응에 어려움을 겪었지만, 나는 이루 말할 수 없는 외로움을 느꼈다. 날마다 바깥에서 생존 전쟁을 벌이고 집에 오면 아무도 없으니 고독감이 뼛속 깊이 파고들었다. 캐나다에서 유학하는 아이와 엄마 그리고 한국에 남아 있는 아빠와의 관계가 묘하게 흘러가는 적지 않은 사례를 직접 눈으로 본 뒤에는 아이들을 독립시키는 그날까지 절대로 떨어져 살지 않겠다고 다짐했다.

물론 유학생과 그 가족이 어려움을 잘 인내하고 훌륭하게 생활해 내는 경우도 많다. 가족끼리 누릴 수 있는 소소한 행복을 버리고 자식의 성공적인 공부를 위해 외로움을 감내하는 사람들. 이는 대단히 용기 있고 멋진 일이라고 생각한다. 하지만 내가 그렇게 해내기에는 자신이 없었다. 너무도 큰 희생을 하니 말이다. 나는 다른 일에는 모험적인 면모를 가지고 있지만, 가족이 떨어져 있는 생활 방식은 보이지 않는 많은 것을 잃어버리리라는 두려움에 그런 선택이 내 앞에 다시 주어진다면 택하지 않기로 했다.

온 가족의 배웅을 받으며 하루를 시작한다는 사실 자체가 얼마나 큰 응원이 되는지는 그렇지 못할 때와 비교해 보면 금세 알 수 있다.

아빠든, 엄마든, 우리 자녀들이든 간에 대문 밖으로 나가는 순간 세상은 그리 호락호락하지 않다. 아이들도 아이들만의 사회가 이미 형성되어 가고 있으며, 그들만의 관계 속에서 견뎌 내야 할 일들이 점점 많아지고 있을 것이 분명하다. 모두가 가족처럼 호의적이지도 않고, 기다려 주지도 않는다. 조금 늦고 조금 다른 것을 인정받을 수 없는 세상이 된 지 오래다. 마치 쏘아 놓은 화살처럼, 정신없이 돌아가는 회전목마 같은 세상인 것이다.

그 세상 속으로 나갈 때 포옹으로 격려해 준다면 아무리 어려운 일이 닥친다 하더라도 나를 믿어 주고 이해해 줄 가족 덕분에 더 열심히 당당하게 살아갈 수 있다. 이것이 가족이다. 돈으로 좋은 침대를 살 수는 있지만, 숙면을 살 수 없는 이치와 비슷하다. 가족은 돈으로 만들어지는 것이 아니라 가족끼리 만들어 내는 문화로 이야기할 수 있다. 아침 식사를 가족과 함께하는 하루의 시작을 권하는 바이다.

Chapter. 4

가족 비타민,
아빠 요리

이 세상에 태어나 우리가 경험하는 가장 멋진 일은
가족의 사랑을 배우는 것이다. - 조지 맥도널드

앞치마를 두르고 요리하는 남자!

요즘은 방송을 통해 남자가 앞치마를 두르고 부엌에서 요리하는 모습을 자주 접하게 된다. 나 역시 처음부터 요리를 좋아하지는 않았고, 남자가 해서는 안 된다는 편에 속했었다. 하지만 아내의 날을 만들고 나면서부터 주말에 아이들과 보낼 묘책이 필요했고, 냉장고에 모셔져 있는 식재료들을 연관지어 새로운 음식을 만들어 내는 '예술 행위'를 해 보고 싶다는 충동을 전부터 느꼈던 차였다. 따라서 아내의 날에는 내가 요리를 해야겠다는 생각은 여러모로 잘 맞아떨어진 생각이었다.

따지고 보면 남자가 하기에 어렵지 않은 분야가 요리다. 너무 잘하려고 하거나 완벽하게 하려 한다면 힘겨운 작업이겠지만, 한 집의 아빠인 남자가 모처럼 맞는 휴일을 가족과 함께 지내면서 이만 한 아이템은 흔치 않다.

1년 전에 막내가 다니는 유치원 친구들과 그 엄마들이 우리 집을 방문한 적이 있었다. 마침 아빠 요리로 떡볶이를 해서 먹은 뒤 조금 남아 있었는데 이미 식은 상태였다. 데우지도 않고 차가운 떡볶이를 그들은 말끔히 해치우면서 한결같이 "이렇게 맛있는 떡볶이는 처음 먹어 봐요."라고 감탄해 주어 인사치레로 한 칭찬인 줄 알면서도 내심 기분이 좋았던 기억이 있다. 이 시대 엄마들이 독점하고 있는 이러한 요리에 대한 권리를 이제는 아빠들도 공유해야 할 때가 되었다.

솔직히 고백하자면 나는 결혼 초기에는 요리에 전혀 관심을 가지지 않았다. 관심 정도가 아니라 부엌에는 되도록이면 들어가지 않아야 미덕이라 생각했고, 가장의 권위를 떨어뜨리는 행위로 보았다. 결혼 전에 한동안 어머니와 단둘이 제사나 차례상을 준비할 때 전 부치는 담당을 주로 맡았기에 프라이팬 다루는 솜씨 정도는 봐 줄만 했고, 라면 끓여 먹기가 내가 하는 요리의 전부였다. 그러니 아이들에게 먹일 한 끼 식사를 만드는 근사한 요리를 선보이기에는 무리가 따랐다. 늘 마음속으로는 한번 해 보겠노라 장담했지만, 잘 실현되지는 않았다.

부엌과 친숙하게 된 가장 큰 계기는 앞서 말했듯이 아내의 날을 정하면서부터였다. 그동안 날마다 가족의 삼시 세끼를 준비하며 메뉴 선택으로 고민하는 아내의 모습도 한몫했고, 식자재로 요리를 만드는 예술을 해 보고 싶다는 생각도 이유 가운데 하나였다.

생각은 실천을 했을 때 빛이 나는 법이다. 아내의 날을 선언했던 때부터(지금으로부터 7년 전쯤, 막내가 태어난 즈음이었던 것 같다.) '아빠 요리'라는 명칭을 만들고, 일요일 한 끼 정도는 내가 책임지겠노라고 호언장담했다. 일단 세상에 외쳐야 좀 더 실천이 쉬워지는 법이니까. 그때부터 일단 쉬운 메뉴를 찾아보기 시작했고, 레시피를 구하기 시작했다. 구하면 얻을 수 있는 시대에 살고 있기에 인터넷이나 책을 통해 얼마든지 요리 레시피를 접할 수 있었다. 다른 무언가를 알기 위한 노력에 비하면 요리 레시피를 구하는 작업은 너무도 쉬운 일에 속했다.

첫 요리는 고야밥(고기야채볶음밥)이었다. 부엌 싱크대를 난장판으로 만들며 만든 내 생애 첫 요리에 가족들은 무척이나 신기해했다. 냉장고에 남아 있는 각종 야채들을 잘게 썰고 밥과 다진 소고기와 참기름을 넣어 볶은, 누구나 할 수 있는 요리였다. 냄새가 그럴듯했고, 모두들 한 입씩 떠 먹으며 소감을 이야기했다.

"음…… 맛은 뭐…… 괜찮네."(작은딸)

"먹을 만하네요, 아빠. 첫 요리치고는 잘했어요."(큰딸)

맛이 매우 좋았던 것 같지는 않았지만 가족들은 신기함과 호기심으로 잘 먹어 주었다. 한두 번이 수십 번, 수백 번이 되면서 내가 만든 요리 모양새는 서서히 자리를 잡아 갔고, 가족들은 아빠가 만든 요리를 먹을 수 있는 주말을 기대하고 돕기까지 했다.

사회생활을 하면서 주부를 만나면 간단하면서도 독특한, 자녀들을 위한 레시피를 물어보는 행동 또한 습관이 되었다. 한 사람에 두 가지씩만 도움받아 내 것으로 소화하면 메뉴에 대한 걱정을 할 필요가 없다. 그러다가 불현듯 떠오르는 아이디어로 요리를 만드는 경우도 있다. 그렇게 아빠 요리를 지속해 오면서 주말마다 우리 집 식탁 분위기는 한층 화기애애해졌다. 다 만든 가족 요리를 블로그에 소개하기도 했고, 주위 사람들에게 알려지면서 화제가 되기도 했다. 우리 집 아빠 요리의 주요 단골 메뉴를 정리해 보면 이렇다. 물론 요리에 재미를 더하고 레시피 기억에 도움이 되게 요리 이름은 내 마음대로 붙이고 있다. 이 요리들에 대한 간단한 레시피를 부록에 실었으니 참고 바란다.

- ▶ 한입버거(식빵 1/4 크기의 작은 햄버거)
- ▶ 대디샌(야채샌드위치)
- ▶ 마라복(마구잡이 라볶이)
- ▶ 고치밥(고추장김치볶음밥)
- ▶ 고야밥(고기야채볶음밥)
- ▶ 어굴소면(어묵굴국수)
- ▶ 깻치밥(깻잎김치김밥)
- ▶ 레이디브런치(치즈수프빵)
- ▶ 34꼬치구이(삼겹살사과꼬치구이)
- ▶ 올리브를 위하여(시금치샐러드)

군대에서 특식이 있듯이 우리 집 아빠 요리도 특식이 있다. 예를 들어 '올리브를 위하여'라는 메뉴는 최근에 개발한 요리인데, 시금치와 새송이버섯을 살짝 데치고 당근과 질 좋은 햄을 얇고 길게 썰어 볶은 뒤 접시에 놓고 드레싱을 얹은 다음 청양고추로 장식한 것이다. 순전히 아내를 위해 상상력을 발휘한 요리인데, 아이들에게 인기가 매우 좋다. 우리 아이들 모두 이 요리 덕분에 시금치를 좋아하게 되었다.

'레이디브런치'는 학교에서 돌아온 두 딸을 위한 요리로 우유식빵을 큼직하게 썰어 달걀을 입혀 프라이팬에 살짝 데운 뒤 접시에 놓고, 우유를 넣은 크림수프를 만들어 준비해 놓은 식빵을 찍어 먹는 요리다. 시식이 끝나면 아이들은 치즈를 넣어야 한다는 둥 통후추 소금이 필요하다는 둥 조언과 건의를 잇따라 한다. 이 또한 행복으로 가는 여정이다.

이 밖에도 많은 일상적인 메뉴가 있다.

▶ 콩나물밥 또는 굴밥 같은 밥류

▶ 파전과 부추전, 고추전, 애호박전, 깻잎전, 배추전, 장떡, 김치전 같은 전류

▶ 두부와 달래, 호박을 넣은 된장찌개와 김치, 돼지고기를 넣은 찌개류

▶ 오븐을 이용한 새우버터구이, 오징어버터구이, 스테이크 그리고 각종 구이류

▶ 김치비빔국수와 물국수, 비빔냉면과 골뱅이소면 같은 국수류

▶ 새우, 오징어, 감자, 고구마, 쥐포, 돈가스 등을 이용한 각종 튀김류

▶ 잘게 썬 야채들을 김으로 만 김마키 같은 마키류

▶ 어묵국, 굴국, 된장국, 달걀국, 김칫국 같이 쉽게 끓일 수 있는 국류

▶ 각종 야채를 넣은 오징어볶음, 낙지볶음, 주꾸미볶음 같은 볶음류

그리고 카레라이스와 삼겹살도 수시로 먹게 되는 단골 메뉴다.

아빠 요리를 위해 아내는 나를 도와준다. 항상 멸치 국물이 있어야 유사시에 찌개를 끓이든, 국수를 삶든 바로 가능하기에 틈날 때마다 아내에게 말해 멸치 국물을 우려 놓도록 당부하기도 한다. 사실 이런

메뉴들은 이름을 들어 보면 일상적인 식탁에서 흔히 볼 수 있는 요리들이지만, 아빠가 해 준다는 점에서 아이들은 커다란 차이점을 느낀다. 요리를 해 나가는 과정에서도 엄마가 해 주는 음식을 먹기만 하는 분위기와 차별화를 꾀할 수 있다. 아빠라는 권위를 내려놓고 아이들과 요리를 즐긴다면 집안에 훨씬 부드럽고 따뜻한 분위기가 감돌 것이다. 아빠의 수고에 상응하는 매우 값진 결과다.

아빠 요리는 아내에게도 좋은 점이 많다. 양육에 지친 엄마에게 단 한 끼니만이라도 지긋지긋한 밥 짓기에서 해방시켜 줄 수 있을 뿐 아니라 앉아서 밥상을 받아 보는 왕비 대접을 해 줄 수도 있다. 사실 날마다 세 끼니를 걱정하는 일은 지긋지긋할 뿐 아니라 너무 고되고 힘든 일이다. 게다가 주말은 온 가족이 세 끼 모두를 집에서 먹게 되는데 매번 외식을 할 수도 없어 아내 입장에서는 매우 힘든 작업일 수밖에 없다. 그렇기 때문에 아내도 내가 하는 아빠 요리를 처음에는 걱정했지만 지금은 무척이나 반기게 되었다.

그저 일주일에 한 번씩이라도 '아내의 공간, 체험 삶의 현장'을 맛본다는 식으로 접근하면 아내에게 짧은 자유를 선물하면서 가정에 웃음꽃도 피리라 확신한다. 엄마가 요리할 때에는 각자 할 일을 하던 아이들도 아빠가 요리를 한다고 하면 부엌으로 모여든다. 자연스럽게 가족의 만남과 소통이 이루어지는 것이다.

"아빠, 기름을 너무 많이 두른 것 같아요."(큰딸)

"햄을 많이 넣어 주세요. 나, 햄 많이 먹을 거야."(막내아들)

"당근이 너무 크다. 제가 더 자를까요?"(작은딸)

처음에는 음식을 하는 과정이 너무도 산만하고 정신없이 늘어놓는 바람에 잔소리도 들었지만, 자꾸 하다 보면 요령이 생기는 듯하다. 신속하고도 깔끔하게 요리와 설거지까지 마칠 수 있는 단계로 접어들었다.

우리 집은 아빠가 요리를 하는 과정도 놀이로 승화시킨다. 냉장고 안에 있거나 마당에, 또는 창고에 있는 식자재들을 가져오고 손질을 해 주는 과정을 아이들에게 묵찌빠나 가위바위보 또는 끝말잇기 같은 간단한 게임으로 당번을 정하게 하면서 아빠를 돕게 만든다. 결국 아빠 요리는 온 가족이 함께 만드는 요리로 발전했다.

요리할 때에는 가장 먼저 아빠가 만들려고 하는 요리의 완성된 모습을 그려 준다. 그런 다음 어떤 식재료들이 필요한지 상의하고, 어떤 것은 넣지 말아 달라는 부탁을 받기도 한다. 아빠는 몸에 좋지만 잘 먹지 않으려고 하는 야채나 가리는 재료들을 갈아 넣거나 잘게 다져 넣는다. 가끔 들키기도 하지만 그 정성을 봐서 먹어 주는 아이들이 귀엽고 기특하다.

아빠가 요리를 한다고 하는 그 순간부터 아이들은 기대감을 갖는다. 맛이 기가 막혀서라기보다는 뭔가 평소에 맛보기 힘든 특별한 맛과 모양을 기대하는지도 모른다. 거의 완성되어 갈 무렵 냄새가 모락모락 피어오르면 아이들은 앞다투어 상을 차리고, 얼마만큼을 먹겠다는 둥 기대감을 엿보인다. 아빠 요리가 식탁에 오르면 큰딸은 가장 먼저 사진을 찍어 자신의 SNS로 실어 나르기 바쁘다.

나는 이 모든 과정이 소통이라고 생각한다. 항상 좋은 날만 있지는 않듯이 매주 요리를 해 주겠다고 결심은 했지만, 일정상 어려울 때가 있기도 하고 한없이 귀찮을 때도 있다. 이런 날에는 요리라고 할 것도 없는 삼겹살구이가 최고다. 상추와 쌈장만 준비하면 그만이기 때문이다. 우리 집에서는 삼겹살을 먹자는 제안을 반대해 본 적이 없었으니 말이다.

"아빠, 내일은 뭐 해 주실래요?"

토요일 오전이 되면 작은딸 민지가 묻는다. 기껏해야 30여 가지 되는 메뉴로 한정되지만, 어느 순간부터 아이들은 아빠의 능력과 상관없이 텔레비전에 나왔던 요리들을 요청하기도 한다. 아이들에게는 재미나고 독특한 요리를 먹어 볼 수 있는 기회이기도 하고, 아빠와 소통할 수 있는 시간이기 때문일 것이다. 세 아이가 입을 모아 메뉴를 선정하면 그것이 금주의 아빠 요리가 된다. 물론 예전에는 내 시도 자체가 모험이었고, 모양새는 그런대로 봐 줄 만했지만, 간 맞추기가 만만치가 않아서인지 먹어 주기만 하면 고마울 때가 있었다. 아내도 그렇지만, 나 또한 간을 보지 않고 음식을 만드는 데 익숙하다. 부부가 닮아 가듯이 아내의 요리 스타일을 닮아 가는 듯하다.

인간관계에서 원활한 소통에 필수적인 요소가 바로 음식이란 생각이 든다. 음식이 앞에 놓여 있으면 마음이 편안해지고, 무겁던 분위기도 가벼워진다. 서로의 말이 끊길 때 말과 말 사이의 간극을 잘도 메워 주는 것이 음식이다. 이야기 주제가 자칫 무겁게 흐를 때 앞에 놓여 있는 음식을 핑계 삼아 가벼운 화제로의 전환도 자연스러워진다.

사람끼리 가까워지기 시작하면 가장 먼저 음식을 같이 먹자고 제안하기 마련이다. 함께 식사하면서 이야기하고 싶어지고, 맛있는 음식을 발견하면 함께 날짜를 잡아 먹으면서 이야기꽃을 피우기도 한다. 누군가가 함께 식사를 하자고 하면 아마도 호감을 보이고 있음이 분명하다. 좀 더 발전하면 맛있는 먹거리를 나눠 주기도 하고, 레시피를 공유하기도 한다. 하물며 가족끼리라고 해서 달라지지 않는다. 격의 없는 가족 사이에 특별한 음식까지 있다면 금상첨화가 따로 없다.

주말에 때때로 배달 음식을 시켜 먹어도 나쁘지는 않지만, 이따금 선보이는 아빠표 요리라면 가족끼리 소통하는 데에 그만한 계기가 없다. 아빠의 요리 솜씨에 대한 평가에서부터 아이들의 관심사와 고민거리까지 식탁 위로 쏟아진다. 이미 소통의 절반은 성공한 셈이 아니겠는가?

아이디어가 없거나 요리하기를 부담스러워하는 아빠들을 위해 쉬운 요리에서부터 특별함이 넘치는 요리까지 10가지 아빠 요리 레시피를 부록에 담았으니 시도해 보기 바란다.

아빠들이여! 친구, 동료에게 "오늘 간단하게 한잔 어때?"라고 하는 대신에 사랑스러운 가족에게 "오늘 내 사랑 듬뿍 담은 아빠 요리 한 접시 어때?"라고 말해 보면 어떨까.

Chapter. 5

가족 스킨십,
생일 세족

훌륭한 부모의 슬하에 있다면, 사랑에 넘치는 체험을 얻을 수
있다. 그것은 먼 훗날 노년이 되더라도 없어지지 않는다. - 베토벤

"으흐흐, 간지러워."

"가만있어 봐. 자꾸 움직이니까 씻기기 어려워."

"크크크, 간지러워. 간지럽다."

"아이고, 조금만 참아 봐."

작은딸 민지가 발을 씻겨 주자 막내 현우가 온몸을 비틀며 키득거렸다. 순서를 기다리는 큰딸 민형이는 "오늘 안에 끝나는 거니?" 하면서 옆에서 기웃거렸다. 생일을 맞은 민지가 할머니와 우리 부부의 발을 먼저 씻겨 준 뒤 그다음으로 씻어 달라고 나선 현우의 발을 씻기는 참이었다. 현우는 까르르 웃어 대고, 민지는 분위기 잡으며 씻기려고 애쓰는 모습이 귀여워서 가족 모두 웃음이 한가득했다.

우리 가족은 생일을 맞으면 당사자가 나머지 가족의 발을 씻기는

생일 세족식을 하고 있다. 사람들 대부분은 가족이 생일을 맞으면 맛있는 음식을 함께 먹고 생일 촛불을 불어끄고 선물을 전달하는 것이 주요 행사다. 별도로 아이들은 친구들과 노래방에 가거나 영화를 보는 등 파티를 진행하기도 한다.

우리 집도 그런 형태로 생일 축하를 해 왔다. 그러다가 우리 집만의 독특하면서도 의미 있는 생일 행사를 고민하다가 세족식을 떠올리게 되었다. 하지만 아내와 어머니는 이 낯선 행사에 어색해하면서 거부감을 나타냈다.

"늘 하던 대로 해도 충분한데 쑥스럽게 그런 걸 왜 하려고 그래요."(아내)

"아이고, 난 그런 거 귀찮다. 하려면 너희들끼리 해라."(어머니)

솔직히 나도 쑥스러웠다. 사실 그때까지 나도 어머니 발을 씻어 드린 적이 없었다. 그래서 포기할 수 없었다. 나는 아이들의 인성 교육에 꼭 필요하다고 수차례에 걸쳐 열심히 설득했다. 불편해하던 아내와 어머니는 아이들 교육을 위해서라고 하니까 쑥스러움을 감수해 보겠다고 결정해 주었다.

처음에는 생일인 사람이 고맙다는 뜻으로 부모님 발을 씻기는 단순하고도 교육적인 차원으로 시작했다. 의외로 아이들은 신기해하고 재미있어 했다. 하다 보니 모두들 즐거워해서 가족회의를 통해 다른 가족의 발도 씻기는 행사로 발전하게 되었다. 놀라운 사실은 생일인 사람이 전체 가족의 발을 씻겨 주는 방식으로 확대하자고 제안한 당사자는 두 딸이었다는 점이다.

우리 가족의 생일은 1월부터 5월까지 몰려 있다 보니 한 해를 잘 보내자는 마음을 다잡는 계기로도 세족식은 의미가 있었고, 연초라 그런지 의지도 충만할 때여서 실천이 잘 되는 가족 소통 가운데 하나가 되었다. 우리 가족 세족식을 소개하면 이렇다.

가족회의를 통해 미리 생일 행사 겸 세족식 날짜와 시간을 정하고, 어떤 먹을거리와 행사를 할지도 결정한다. 세족식 당일에 생일인 사람이 세족식 준비를 한다. 장소는 거실이나 공부방으로 하고, 바닥에 커다란 목욕 수건을 깔고 물을 담은 대야 두 개와 세족 서비스를 받을 사람이 앉을 의자를 준비한다. 세족식 뒤에 먹을 케이크와 음식 준비가 끝났음을 알리는 신호를 아내가 보내면 1층에 있던 어머니를 모셔 와 온 가족이 참여하는 세족식이 시작된다. 생일인 사람은 한 사람 한 사람의 발을 구석구석 꼼꼼히 닦아 주고 종아리까지 물을 묻혀 가면서 마사지도 해 준다. 첫 대야에서 씻기고 마사지한 뒤 두 번째 대야에서 헹궈 준다. 마지막으로 자기 무릎에 수건을 펼쳐 놓고 그 위에 상대의 발을 얹어 정성스럽게 물기를 닦아 준다.

처음에 세족식을 시작하기 전에는 생일 분위기가 너무 무거워지지 않을까 걱정했지만, 그야말로 기우였다. 발을 씻기고 닦는 과정에서 여러 가지 이야기가 오간다. 간지러워 깔깔대며 웃음을 참지 못하거나, 때가 많이 나오는 바람에 웃음이 터지기도 한다. 거칠어진 피부를 안타까워하며 땀 흘려 마사지를 할 때도 있다.

한 번은 세족식을 할 때 고등학생 조카 둘을 데리고 누나네 가족이 예고 없이 들이닥쳤었다. 우리 가족의 모습을 지켜본 누나네 가족은 어리둥절해하면서도 신기해했다. 내 생일이어서 어머니부터 아내 그리고 아이들 순서로 씻기고 있던 터라 손님들 발까지 씻어 주기로 했다. 모두들 처음 겪는 경험이기도 하거니와 너무 뜻밖의 상황이라 설왕설래 말이 많았다. 조카 둘은 간지러움을 참다 못해 웃음을 터뜨리면서 축제 같은 분위기를 연출했다. 지금은 어엿한 대학생이 된 두 조카는 지금도 그때를 잊지 못한다고 이야기하곤 한다. "재미난 존중을 받았다."는 표현도 잊히지 않는 피드백이었다.

생일인 사람이 모든 가족을 다 씻기기 어려워할 때에는 '백마 탄 기사' 현우가 대타로 자원하기도 한다. 현우 같은 경우는 2012년에 다섯 살이 되면서 처음으로 세족식 데뷔 무대를 가졌는데, 그전까지는 줄곧 구경만 했었지만 제법 과정을 익히고 있었다는 점이 놀라웠다. 이때가 우리 가족의 세족식 행사들 가운데 손꼽히는 기억으로 남는다. 무릎을 꿇고 고사리손으로 가족들 발을 씻겨 주는데 그 손길이 정말로 귀여웠고 무척 간지러워서 가족 모두 즐거운 비명을 질렀다. 발을 씻기기보다는 간질이고 쓰다듬는 수준이었다. 세족식을 할 때면 사진을 찍어 가족 카페에 올린다. 이는 우리 집 역사의 한 장이 된다. 먼 훗날 아이들이 자라서 어린 시절을 되돌아볼 때 성장의 밑바탕에 가족 소통이 있었음을 잊지 않았으면 좋겠다. 세족식을 통해 우리 가족은 한 번도 들여다볼 기회가 없었던 가족들의 발을 자세히 관찰하게 될 기회를 얻는다. 생활 흔적을 가장 많이 담고 있는 가족의 발을 어루만지고 보듬는 그 자체로도 의미 있는 놀이가 되었다.

2013년에는 KBS에서 방송하는 〈출동! 안전지대〉라는 프로그램에서 가정 폭력에 대한 심각성과 예방책을 주제로 다루었을 때 우리 집의 가족 소통 모습을 촬영해 간 적이 있었다. 담당 프로듀서와 사회자 등 관계자들은 몇 가지 가족 소통 방법을 접한 뒤 가족회의와 손톱 깎기 그리고 세족식에 대해 한참 동안 놀라워하며 경이롭다는 표현을 했던 기억이 있다. 친구와 이웃들도 자꾸 묻는다.

"그 귀찮은 걸 도대체 왜 하는 거야?"

"가족이니까요."(큰딸)

굳이 '신체발부 수지부모(身體髮膚 受之父母)'라는 《효경》의 첫머리를 들먹이지 않아도 스킨십을 통해 자연스럽게 부모에 대한 고마움을 표현할 기회를 아이에게 제공하는 것이다. 자신을 태어나게 해 준 부모님께 일 년에 한 번쯤 발을 씻겨 드리는 행위는 비교적 쉬우면서도 멋진 일이다. 세족식이라면 거창하게 들릴지 모르나 실제 행위는 그다지 어렵지 않다. 아이는 세족식을 통해 말로는 설명해 줄 수 없는 부모의 은혜와 가족 간의 따뜻한 유대감인 가족애를 느낄 수 있다. 백마디 말보다 나은 것이 세족식이다.

2013년 4월 9일은 큰딸 민형이의 생일 세족식이 있는 날이었다. 어머니, 나, 여동생 민지의 세족식이 지난 달에 있었고, 불과 5일 전에 막내 현우의 세족식이 있었던 뒤라 조금은 식상한 느낌이 들 즈음이었다. 조금 귀찮은 듯 세족식 준비를 하고 있는 민형이에게 막내 현우가 자꾸 그림을 그리자고 떼를 쓰기 시작했다. 순간 머릿속에 번쩍하고 보디페인팅이 떠올랐다.

"현우야, 그럼 우리 세족식 하면서 발에다가 누가누가 잘 그리나 해 볼까?"

반응은 좋았다. 조금 귀찮을 듯하기도 했지만 평소 넘쳐나던 선물용 물감과 붓을 가지런히 준비하고 세족식을 맞이했다. 일명 풋페인팅은 두 시간이 넘도록 지속되었다. 막내 현우는 간지러움을 참지 못하고 이리저리 움직이면서 장난을 치다가 엄마에게 야단을 맞기도 했다. 특히 집중력을 보이는 둘째 민지는 그리기에 매우 호기심을 보이며 마치 아빠의 발을 창피하게 만들어 줄 듯한 기세로 달려들었다. 도화지에 그리던 실력에 비하면 절반도 안 되는 실력을 선보였지만, 서로의 발에 그림을 그려 가는 내내 얼마나 행복해했는지 모른다.

차가운 물감이 묻은 붓이 발에 닿는 감촉은 매우 신선했다. 딸들과 함께 목욕할 수 있었던 시절에 아이들이 내 등을 도화지 삼아 그림을 그렸던 적이 있었다. 아이들이 네다섯 살 때였으니 10년이 훨씬 넘은 이야기다. 사람만 커 가는 것이 아니었다. 세족식 행사도 마치 생명체처럼 성장하고 있었다. 내년 세족식이 기대된다.

아빠의 양육 참여,
아빠 놀이

이제 퇴근이다. 부리나케 집으로 향해 도착하기 불과 10분 전! 집에 전화를 건다. 막내에게 아빠가 도착 10분 전임을 알리며 동시에 '숨바꼭질' 놀이를 선포한다. 아이는 바빠지기 시작한다. 아빠를 대면하지도 않았지만 아이는 벌써 숨을 곳을 찾느라 바삐 움직인다. 아이의 가슴은 두근대고, 마음은 벌써 따뜻해지기 시작한다. 숨을 곳을 찾고 나면 막내는 자기가 숨은 곳을 알려 주지 말라고 엄마에게 신신당부한다. 그러고는 쿵쾅거리는 심장박동을 느끼면서 몇 분을 인내하며 기다린다. 아이에게는 이 얼마나 흥분되고 재미난 시간인가?

자녀들과 놀아 줄 때 부모가 유념해야 할 첫 번째는 바로 눈높이를 맞춰야 한다는 점이고, 이는 아이 입장에서 생각해야 한다는 뜻이다. 어른에게는 시시하고 유치찬란한 언행과 놀이도 아이에게는 놀랍고 재미나며 흥분을 감추기 힘든 일이다.

잠시 뒤 아빠가 현관문 여는 소리가 들리면서 '숨바꼭질'이 시작된다.

"우리 현우 어디 있지? 아빠가 오늘은 현우를 꼭 찾아내고 말아야지!"

아이가 들을 수 있도록 큰 소리로 과장된 몸짓과 거드름을 피워 가며 아이가 느끼는 조마조마한 긴장감을 극대화해 줄 필요가 있다. 한참(그래 봤자 2분을 넘지 않는다)을 찾는 시늉을 하며 때로는 찾아내고, 때로는 못 찾은 척 포기를 해야 한다. 강약과 시간 조절은 전적으로 아빠에게 달려 있다. 이내 아이는 달려 나와 아빠에게 안기며 자신의 승리를 선포한다. 아빠에 대한 애정과 친근함이 극에 달하는 순간이 되는 것이다.

아빠 놀이는 이처럼 결코 어렵지 않다. 아주 평범하고도 쉽지만 많은 아빠는 피곤해서, 바빠서, 몰라서 하지 못하는 것이다. 이러한 아빠들이 대는 핑계는 사실 전부 맞는 소리다. 하지만 아주 조금만 노력하면 전부 말끔히 해결할 수 있는 문제들이다. 5분 남짓만 투자해도 얼마든지 아이와 놀아 줄 수 있다. 관심만 있다면 얼마든지 할 수 있는 것이 바로 아빠 놀이인 것이다.

이렇게 아빠와 함께하는 놀이가 축적되면 자녀의 아빠에 대한 애정은 극에 달하고, 이미 친구가 된다. 일명 프렌디(friendy, friend와 daddy의 합성어)가 되는 것이다. 친구가 된다 함은 어떤 이야기도 터놓고 할 수 있는 상대가 되었다는 뜻이다. 아빠가 하는 말에는 믿음이 느껴지고, 동지로 생각한다. 어려서부터 부모와 함께한 놀이로 정신을 무장한 아이들에게는 걱정도 별로 없다. 또 무서운 것도 별로 없다. 뒤에 든든하고 언제라도 자기 말에 귀 기울여 줄 진정한 친구가 있기 때문이다. 좋은 일, 나쁜 일, 상처받은 일을 가리지 않고 소통할 사람이 있는 것이다. 세상은 따뜻하고 누군가 들어 주고 봐 줄 사람이 있다는 사실 자체는 아이의 정서와 인성에 매우 지대한 영향을 준다.

힘들고 지친 아빠들! 자녀들과 놀아 주고 싶은 마음은 굴뚝같아도 녹초가 되어 집에 들어와 피곤해서 못 놀아 주는 경우도 흔히 있다. 이럴 때는 쉬우면서도 재미난 놀이를 선택할 필요가 있다. 쉬운 놀이 몇 가지를 소개해 보겠다.

아빠와 막내가 함께 개발한 '누워서 공놀이'가 있다. 일단 이부자리를 깔고 자녀와 나란히 눕는다. 아빠는 공을 천장으로 던져서 떨어지는 공을 다시 받는 시범을 보인다. 막내 현우가 네 살 때부터 했던 이 놀이는 일곱 살이 되어도 잊어먹지 않고 가끔 잠자기 직전에 이부자리에서 마지막을 장식하곤 한다. 아빠들은 편하게 누워서 놀이를 할 수 있어서 좋다. 아이들에게는 약간의 기술이 필요하지만 매우 단순한 놀이다.

이것이 발전하면 벽마다 튕겨 가며 쿠션 효과도 줄 수 있다. 흔히 짬뽕공이라고 하는 고무공이면 더 좋은데, 크기가 큰 고무공이나 축구공도 나쁘지 않다. 나름대로 재미가 있으니까. 일곱 살이 되어도 아이가 공을 천장으로 제대로 던지기는 쉽지 않아 보인다. 이 놀이는 아이에게 천장에서 떨어지는 공을 잡을 수 있는 기회를 제공해 준다. 공 잡는 실력을 보고 난이도를 조절하면 된다. 놀이 규칙은 아빠 마음대로이지만, 아이가 수긍할 수 있는 정도면 된다. 몇 번만 해 보고 나면 아이들이 새로운 규칙을 만들어 나가는 모습을 보게 되어 부모들은 깜짝 깜짝 놀랄 것이다. 요즘은 내가 누워서 천장으로 공을 던지면 현우는 타석에 들어선 타자처럼 내 옆에 서서 벽을 향해 방망이를 휘두른다. 이러한 규칙의 진보도 막내가 주도한다.

두 번째로 소개할 놀이는 '종이컵 놀이'다. 종이컵 1,000개 한 상자를 구입해 놓고(한 상자라고 해 봐야 만 원이 넘지 않는다.) 아이의 창의력과 인내심을 시험해 볼 수 있다. 거실에서 25층 피렌체 탑을 쌓아 올리기도 하고, 나름대로의 성을 쌓기도 한다. 세 아이에게 종이컵 놀이를 시켜 본 결과 큰딸 민형이는 만들기로 예정했던 성을 쌓다가 포기하고 자기만의 창작물에 빠져들기를 좋아한다. 둘째 딸 민지는 아빠와 함께 만들고자 했던 첫 이미지를 끝까지 완수하고 만다. 일단 시작하면 끝을 보는 성격이다. 책을 읽을 때에도 한 번 잡으면 끝까지 읽는다. 막내 현우는 하다가 싫증이 나거나 어려워지면 어떻게 해서든 완성하기는 하는데, 그 과정에서 누군가가 도와주게 만들어 완성한다.

같은 놀이를 해도 아이들마다 대하는 태도와 결과는 확연히 다르다. 그래서 놀이야말로 자녀들의 성격과 성향을 관찰하기에 가장 적합한 기회인 것이다. 평소 놀이를 통해 자녀에 대한 주의 깊은 관찰이 있어야 자녀를 이해하는 데 큰 도움이 된다. 모두가 다르다는 사실을 인정하고 자녀의 성향에 맞게 대화를 해 나갈 수 있게 되는 결과도 놀이가 주는 혜택이다. 관찰과 소통 없이는 자녀에 대해서 알 리 만무하고, 자녀의 고민과 공감대가 무엇인지 알 수 없다.

어떠한 놀이도 단순하지만 규칙이 있기 마련이고, 또 없으면 만들어 가게 된다. 처음에는 아빠가 규칙을 만들지만, 조금만 지나면 네 살

짜리 아이도 규칙을 만들고 새로운 놀이도 만들어 낸다. 아빠는 조금 다듬어 주기만 하면 훌륭한 놀이가 된다. 자녀들의 인내심, 창의력, 사회성, 약속 관념 등 세상살이에 필요한 수십 가지 인성을 즐거운 놀이로 키울 수 있는 것이다. 학교나 유치원 또는 학원이나 사설 놀이터가 아닌 아빠나 엄마가 함께 놀아 주었을 때 그 효과는 극에 달할 것이다.

우리 현우가 가장 열광했던 놀이 가운데 하나는 바로 신문지 놀이였다. 신문지 한 장으로도 무려 수백 가지 놀이를 할 수 있다. 하루치 신문지면 충분하다. 아빠는 신문지를 한 겹으로 펴고 양손으로 잡은 뒤 아이를 향해 펼쳐 보이면서 "격파"를 외친다. 아이는 기합을 넣으면서 신문지에 주먹을 날린다. 시원스럽게 찢겨 나가는 신문지를 보며 아빠는 과장된 몸짓을 곁들인 추임새를 넣어 주면 된다. 그렇게 하면 아이의 자신감은 하늘을 찌른다.

몇 번의 격파를 끝내고 나면 격파된 신문지를 가지고 찢기 놀이를 한다. 세로로 가늘게 찢어지는 소리를 감상할 수 있게 해 준다. 노래에 맞춰 할 수도 있고, 엄마-아빠 편을 갈라 팀을 이루어 경쟁을 할 수도 있다. 거의 다 찢어졌다면 이제는 뿌리기를 한다. 책상 위에 올라가 찢어진 신문지를 뿌려 주면 환상적인 장면이 연출된다. 아이들은 뛰고 소리를 지르며 난리가 난다. 몇 차례 뿌리기가 끝나면 이제는 숨기기를 한다. 아이를 눕혀 놓고 찢어진 신문지로 온몸을 덮어 주는 것이다. 그러고는 엄마나 누나들에게 아이를 찾아보라고 하고, 아이에게는 조용히 숨을 죽이고 있게 한다. 신문지에 덮여 있는 아이를 찾는 아빠의 몸짓에 아이는 크게 뛰는 심장박동 소리를 접하게 된다.

이제 찾기가 끝나면 역할을 바꿔 볼 수도 있고, 다음 단계로 넘어갈 수도 있다. 뿌렸던 신문지 조각들을 모아 동그랗게 뭉치면 신문지 공이 만들어진다. 아마 몇 개의 공을 만들 수 있을 것이다. 이때 엄마들은 신문지를 치울 걱정을 하겠지만, 공 만들기를 함으로써 말끔히 청소되는 효과가 있기 때문에 걱정할 필요가 없다. 이제 공이 만들어졌으면 야구를 할 시간이다. 신문지 공은 맞아도 아프지 않다. 적당한 크기로 만들면 아이들이 장난감 야구 배트로 맞추기에는 제격이다. 이러한 신문지 놀이를 하는 데 걸리는 시간은 길어 봤자 20분이다. 조절하기에 따라서 10분 안에도 끝낼 수 있고, 1시간을 할 수도 있다. 아마도 30분 이내가 아이들이 싫증을 느끼지 않고 집중할 수 있는 가장 적당한 시간일 것이다.

일주일에 두어 번 정도 이러한 아빠 놀이를 자녀와 할 수 없다면 매우 슬플 것이다. 과연 시간 문제 때문일까? 아니면 관심 문제일까? 곰곰이 생각해 볼 필요가 있다. 아빠 놀이는 유아기부터 초등학생 때까지 할 수 있는 놀이를 통한 소통으로서 학교나 학원에서는 결코 기대하기 힘든 창의성, 사회성, 인내심 같은 인성을 골고루 발달시켜 준다. 이러한 놀이가 바로 가정에서 이루어져야 하는 이유는 가정이 아이의 인성을 키워 주는 가장 기초이자 중요한 공동체이기 때문이다.

자녀가 사춘기를 지나면서 부모와 소통이 되지 않게 됨은 누구보다 그 당사자들에게 충격이 된다. 부모는 자녀가 무엇을 원하는지, 그들의 공감대가 무엇인지, 그들의 인내심은 어디까지인지 도대체 알 수가 없다. 왜냐하면 관찰할 기회가 적었기 때문이다. 아빠 놀이는 결코 단순한 놀이가 아니다. 가장 쉽고도 효율적인 아빠의 양육 참여 방법이자 교육의 일환이며, 자녀와 소통하기 위한 밑바탕이다. 게다가 아빠가 놀아 주는 시간 동안 엄마가 자녀에게서 해방되는 시간을 가질 수 있다는 점에서 또 다른 장점이 있다.

우리가 양육을 하는 목적은 분명 독립적인 사회의 일원으로 키워 내기 위함이다. 이 책을 읽는 독자들의 아빠 놀이에 대한 궁금증 해결과 편의를 돕기 위해 바로 써먹을 수 있는 실전 아빠 놀이 10가지를 부록에 수록해 놓았다. 아마도 이 10가지 놀이 가운데 단 세 가지만이라도 꾸준히 해 본다면 자녀와의 막힌 소통, 그 어마어마한 장벽이 무너지는 기쁨을 맛보리라 확신한다.

Chapter. 7

같은 책 다른 느낌,
가족 독서

"옛날 옛날 호랑이 담배 피던 시절에……."

어릴 적에 할머니, 할아버지가 들려주던 옛날이야기를 들으며 잠이 소록소록 들었던 추억이 있을 것이다. 옛날이야기를 듣다 보면 어느새 전혀 다른 세상 속으로 빠져들곤 했던 기억이 우리에게는 남아 있다. 현실과 다른 세상을 경험할 수 있는 유일한 기회이기도 했다.

과거나 지금이나 아이들은 이야기에 열광하고, 이야기를 들으며 상상의 나래를 편다. 이야기 안에 권선징악 같은 교훈이 있고, 사람이 살아가야 할 도리가 녹아 있다. 주인공을 대신해 성취감을 느끼기도 하고, 자신이 주인공이 되어 선을 베풀고 악을 벌하는 초능력을 발휘하는 감정이입도 경험한다. 이야기 속에서 많은 것을 배울 수 있다.

부모가 자녀에게 책을 읽어 주는 행위는 즐거운 교육 방법이다. 책 내용을 배우는 효과 말고도 자녀와 부모가 함께 다른 세상에 몰입하면서 공감대가 형성된다. 아이는 가족이 함께하는 독서를 통해 부모의 사랑을 느낄 수 있다.

책 읽기를 좀 더 효과적으로 하는 방법이 있다. 읽어 줄 때 사실감과 현장감을 살려 역할에 충실한 목소리와 표정 연기를 하는 것이다. 단순히 글자를 읽어 주기보다 여러모로 효과가 있다. 등장인물이 5~6명이 되더라도 그 인물이나 캐릭터에 맞게 흉내와 소리를 내는 것이다.

만약 자녀의 연령대가 초등학교 1학년 이상이라면 역할을 나누어서 읽어도 좋다. 우리 집은 할아버지 버전과 엄마 버전, 아기 버전 그리고 아나운서 버전과 다큐멘터리 버전 등 10여 가지 다양한 버전으로 책을 읽어 준다. 막내 현우에게 버전 선택을 맡기면 할아버지 버전과 엄마 흉내를 내는 엄마 버전을 선호한다. 재미있기 때문이다. 엄마의 특징을 잡아 읽어 나가면서 엄마 흉내를 내기 때문에 아이에게는 정말로 개그로 보이는 것이다. 예를 들어 《잭과 콩나무》를 읽을 때 할아버지 버전이라면 할아버지 같은 느리면서도 구수한 목소리로 천천히 읽어 나간다.

"옛~날~ 옛~날에~ 구름 위 저편에 이~상하게 생긴 성이 우뚝 솟아 있었어요."

하지만 엄마 버전으로 읽어 줄 때에는 전혀 다른 분위기가 연출된다. "구름 위 저~편에 이상하게 생긴 성이 우뚝 솟아 있다고 몇 번을 말해야 알아듣겠어."라고 하며 엄마가 야단칠 때의 어투를 상징적으로 패러디하곤 한다. 아나운서 버전일 때에는 책을 읽어 나가는 중간

중간에 "구름 위 저편에 이상하게 생긴 성이 솟아 있었다고 10월 9일 자 현우일보가 전하고 있습니다."라는 식이다.

같은 책을 읽어도 이렇게 놀이를 접목하면 집중력과 몰입도가 몰라보게 좋아진다. 게다가 다양한 직업적 체험을 피상적이지만 간접적으로 접할 수 있는 기회가 되기도 된다. 우리 집에는 텔레비전을 없앤 지가 10년이 넘어서 책과 가까이할 수 있는 덕을 톡톡히 보고 있다. 아이들이 가끔 1층 할머니 공간으로 내려가서 텔레비전을 볼 때나 컴퓨터로 키즈(kids) 동영상을 볼 때면 나중에 흉내 낼 요량으로 매우 집중력을 발휘하곤 한다.

시간이 흘러 감에 따라 역할을 나누어 함께 읽어 나가기도 하고, 자녀가 온전히 다 읽는 중간에 추임새만 넣어 주는 단계까지 갈 수도 있다. 책 접하기를 마치 하루도 빼지 않고 밥 먹기처럼 지속해야 많은 효과를 볼 수 있다.

책을 읽은 뒤에 하는 활동도 중요하다. 읽은 책에 대한 요약을 해 주고, 아이가 느낌을 말하도록 유도하기가 무엇보다도 중요하다. 초등학생이 되면 스스로 요약을 하게끔 하면 좋다. 그 요약과 느낌에서 아이를 관찰할 수 있는 기회가 포착된다. 같은 책을 읽었지만 부모와 아이의 느낌이 항상 맞아떨어지지는 않는다. 아이 시각에서 느껴지는 감정을 피드백할 필요가 있음을 새삼 알게 된다.

우리 집은 책을 다 읽은 뒤에는 반드시 책등(책을 책장에 꽂아 놓으면 보이는 부분)에 스티커를 붙여 둔다. 큰딸은 노란색, 작은딸은 핑크색 막내아들은 파란색으로 좋아하는 고유색을 부여해준다. 이렇게 하면 우리 아이들이 어떤 책을 주로 좋아하는지, 얼마나 반복해서 읽었는지를 알게 된다. 뜻밖에 성과라 한다면 아이 세 명 모두 스티커 붙이는 행위에 은근한 경쟁심을 갖는다는 점이다. 그러다 보니 독서량이 늘어나고, 독서에 대한 거부감이 없이 생활화된다. 두 딸은 어디를 가든 항상 책을 옆구리에 끼고 다닌다. 어디를 가건 약간 지루한 시간이 생기면 바로 책을 펼쳐 나름대로 시간을 보낸다. 아이들이 어렸을 때 아빠가 고객과 상담하는 자리나 치료차 병원에 함께 가도 항상 책을 가지고 다녔기 때문에 혼자 징징대는 일은 없었다.

하지만 아들 녀석은 좀 달랐다. 두 딸에게 그러했듯이 우리 부부가 책 읽는 모습을 많이 보여 주었는데도 책보다는 몸을 쓰는 놀이나 도구를 활용한 놀이에 치중하는 경향을 드러냈다. 아이들 모두에게 똑같은 효과가 나오지는 않겠지만, 책을 가까이할 수 있도록 배려하는 유일하고도 효과적인 방법은 부모가 책을 읽는 모습을 되도록이면 많이 보여 주는 것 말고는 왕도가 없어 보인다.

이렇게 책 읽기에 단련된 아이들이 초등학교 고학년이 되어 가족회의를 할 때면 '가족 독서'라는 코너를 만들어 같은 책(물론 아이들 수준에 맞는)을 읽고 서로의 느낌을 발표하는 시간을 갖게 되었다. 어느 순간 부모보다 빠른 속도로 독서를 하게 되었다는 사실을 알게 되었을 때 적잖이 놀라기도 했다. 가족 독서는 같은 책을 통해 부모가 느끼는 감정과 아이들의 시각을 서로가 자연스럽게 접하게 된다.

첫 가족 독서로 선택한 책은 《장미와 찔레(The Rose and the Wild Rose)》였다. 대학생이 된 여자 주인공이 진로 문제로 겪는 고민을 교수님과 함께 재미있는 이야기 형식으로 엮은 책이었다. 내 느낌은 어쩔 수 없이 교훈적인 내용으로 흘렀지만, 당시 초등학교 6학년과 중학교 2학년인 두 딸의 느낌은 사뭇 달랐음이 이채로웠다.

지금은 건강에 관한 책과 쉬운 인문학 책을 나누어 선정해 가족 독서가 이루어지고 있다. 공부방의 벽면을 오로지 2층 책장으로 꾸몄고, 전시용 책이나 읽지 않는 책들은 과감히 처분하거나 '아나바다(아껴 쓰고 나눠 쓰고 바꿔 쓰고 다시 쓰기)' 운동에 활용했다.

공부방을 도서관으로 바꿔 지낸 몇 년의 세월은 이제는 사진으로만 남아 있다(우리 집은 1~2년에 한 번씩 집 안 구조를 바꾸면서 쓸모없는 물건을 정리하는 작업을 한다. 지금은 공부방 분위기가 또 다르다). 아이들이 중학생, 고등학생이 되면서부터는 학교 공부에 여념이 없어 어릴 때보다 교과목을 제외한 독서의 양이 턱없이 줄어든다는 사실도 뒤늦게 깨닫게 되었다. 아이들에게 원없이 책을 읽히고 독서 습관을 만들어 줄 수 있는 시기는 다름 아닌 초등학교 때까지인 것이다. 분야를 가리지 않고 1,000여 권이 넘는 책을 읽을 수 있는 시간은 중학교에 들어가기 전인 듯하다. 두 딸이 초등학교 저학년 시절에 1년 동안 진행되었던 '1,000권 읽기 프로젝트'는 내 기우를 말끔히 씻어 줄 만큼 싱겁게 완성되었다.

한국 사람들이 책 안 읽기로 세계적으로 유명하다고 하는데, 우리 아이들은 정반대 생활을 했으니 얼마나 다행스러운 일인가. 독서록을 만들어 간단하게나마 기록하게 한 일도 지금에 와서는 참 잘했다는 생각이 든다.

이 모든 일은 그냥 시켜서 된 것이 아니다. 적당한 양의 책을 적당한 방법으로 읽게 했고, 독서량과 독서록 작성에 따라 용돈을 주는 용돈 플랜과 연관을 지었던 방법이 한몫을 했다. 스티커를 이용한 경쟁심 유발도 긍정적인 영향을 주었다.

아이들과 외출할 때에는 되도록이면 대형 서점에 들려 서너 시간씩 읽고 싶은 책을 마음껏 읽게 한 방법도 한몫을 한 듯하다. 그러다가 서점에서 나올 때가 되면 한 권씩 책을 사 주곤 했다. 우리는 이를 서점 놀이라고 하며 놀이로 승화시켜 규칙을 만들고 용돈과 연계시키기를 게을리하지 않았고, 두 딸은 정말로 잘 따라 주었다. 방문 교사를 통한 전집류 구매도 나쁘지는 않지만, 책을 스스로 가까이하는 데에는 오히려 방해가 될 때도 있는 듯하다. 아이가 스스로 책을 고르고 선택할 수 있게 하는 방침은 책을 사랑하게 하는 좋은 방법이다.

두 딸의 독서 습관이 훌륭하게 자리 잡았기에 이제는 여덟 살 막내아들의 독서 습관을 어떻게 잡아 줄지를 고민하고 있다. 나와 함께 할 수 있는 시간만 생기면 운동이나 놀이에 치중하고 있는 막내아들은 2015년에 초등학교 입학을 했는데, 인문학 관련 도서들을 어떻게 하면 쉽고 즐겁게 접할 수 있게 하는지 방법을 연구하고 있는 중이다. 앞으로도 우리 아이들이 살아가면서 책 속에 길이 있음을 알아 가기를 기대한다.

바깥으로 나가니
마음 문도 열리더라

바깥에서의 소통 필살기

Chapter. 1

바깥 놀이의
즐거움

옛날에는 골목길이 있었다. 거무튀튀한 나무 전봇대를 기준 삼아 술래잡기, 무궁화 꽃이 피었습니다, 다방구, 왕거미놀이를 했다. 딱지치기, 돈팔방, 자치기, 망까기(비석치기), 구슬치기, 고무줄놀이, 전쟁놀이, 땅따먹기 같은 놀이도 늘 흙을 밟으며 했다. 이 집 저 집 굴뚝에서 연기가 피어오르는 저녁이 되면 멀찌감치에서 어머니가 외치는 "밥 먹어라!" 소리에 냅다 달려가곤 했다. 이제는 그 모든 것이 호랑이 담배 피던 시절 이야기가 되었다.

흙 내음을 맡고 바깥 공기를 가르며 노는 것이 얼마나 재미있는지 요즘 아이들이 알까? 놀이에 끼기 위해서는 평소에 동네 형들에게 잘 보여야 했고, 언 손을 입김으로 호호 불어 가며 딱지치기와 구슬치기 실력을 키워야 내가 놀이에서 쓸모 있는 일원이 될 수 있었다. 편을 가르고 남는 아이는 깍두기라는 이름으로 세력이 약해 보이는 편에 끼워 주기도 했다. 어렴풋이라도 무리 짓기가 뭔지를 알게 되고 같은 편에서 배제되는 경험을 함으로써 인생의 쓴맛도 맛보고 인내심도 배웠다. 해 질 무렵까지 시간 가는 줄 모르고 막대기로 싸우는 전쟁놀이로 성취감도 맛보았다. 풍요롭지 못한 가운데 주위에서 흔히 구할 수 있는 재료들로 무언가를 만들어 내어 놀이 기구로 사용하는 창의성 또한 기를 수 있었다.

자그마한 골목길이 알고 보면 놀이를 통한 사회성과 창의력, 규율과 배려를 골고루 배우고 익힐 수 있는 사회화 교육의 첫 장소였던 것이다. 굳이 집에서 아빠가 야단을 쳐 가며 교육할 필요도 없었다. 혹시 길거리에서 어린놈이 담배를 물고 있었다면 동네 선배나 어른들이 꾸짖거나 타일러서 바로잡아 주었다. 동네 어린아이들이 잘못된 길을 가게 내버려 두지 않았다. 마을 전체에 공동 교육과 정보 공유가 이루어져서 어느 집 아이가 잘못되었다는 소식에 다들 가슴 아파하고 함께 대책을 만들곤 했던 시절이다. 지금보다는 정감 어리고 따뜻한 사회였던 듯하다.

대가족 제도 아래에서는 집안 어른이 한둘이 아니어서 삼촌과 고모가 같은 집에 살고, 할아버지와 할머니가 굳건히 가장의 위치를 지키고 있었으므로 때가 되면 사람이 지켜야 할 도리를 어떻게 해야 하는지 자연스럽게 보고 배울 수 있었다. 아무래도 한 지붕 아래 사는 사람들이 가지는 관심이란 특별할 수밖에 없기에 자연스럽게 사회화의 기초 과정을 밟을 수 있는 시스템이었던 것이다.

그때에 비하면 지금은 삭막한 세상이다. 동네 아이들이 담배를 물고 어른 행세를 하고 다녀도 누구 하나 꾸짖는 법이 없다. 괜히 관여했다가 험한 꼴 당할 수도 있거니와 내 소중한 시간을 뺏기고 신경까지 써야 하며 그에 따른 시간적, 정신적 기회비용을 잃기 싫은 것이다.

이제 골목길은 물론 흙과 모래도 자취를 감추었다. 꾸짖어 줄 용기 있는 이웃집 아저씨도 없어졌고, 문제를 해결하고 중재해 줄 옆집 아주머니도 사라졌다. 그렇다면 아이들은 사회성을 어디에서 배워야만 할까? 또 창의성은 어디서 키워야 할까? 핵가족화가 되면서 한 가족이라고 해 봤자 세 식구인 가정이 많아졌다. 아이를 낳지 않는 2인 가정, 더 나아가 독신 가정이 가파르게 상승세를 나타내고 있다. 아이를 낳더라도 형제가 없다. 오로지 엄마 말고는 돌봐 줄 누구도 없다. 요즘은 부모 세대들도 아들, 딸한테 얹혀살기 싫어하기 때문에 아이를 봐 주는 경우도 점점 줄어들고 있다. 아이 입장에서 본다면 자신에게 관심을 가져 주는 대상 폭이 매우 좁아진 셈이다. 심지어 엄마도 일을 나가는 맞벌이 부부가 많아 부모가 아닌 어린이집이나 유치원에서 제삼자와 하루 종일 시간을 보내는 아이들이 늘고 있다.

어쩔 수 없는 사회적인 추세라 막을 수는 없겠지만, 이로 말미암아 파급되는 수많은 사회적 문제들이 양산되고 있다. 그 가운데 하나가 자녀들에 대한 교육과 소통 문제인데, 여기서 가장인 아빠가 나서야 할 중요성이 커진다.

아이가 반듯하게 잘 자라고 사회성이 뛰어나며 창의력과 인내심이 발달된 경우에 그 면면을 살펴보면 대부분은 부부 사이에 소통이 잘 되는 가정이며, 정도의 차이는 있지만 아빠가 양육에 참여하는 가정이다. 내가 생각하기에는 시대가 바뀌어 감에 따라 아빠의 양육 참여는 점점 필수가 될 것이고, 이 험난한 사회에서 자존감을 가지고 원활한 소통을 할 수 있는 능력은 매우 큰 사회적 경쟁력이 될 것이다. 아빠에게는 양육이 선택할 수 있는 문제가 아닌 반드시 해야 하는 의무이자 권리이기도 한 셈이다. 이는 아빠 스스로의 노력이 수반되어야 하는데, 그렇다고 아빠와 엄마의 사랑을 저울질하거나 자녀들에게 인기 경쟁을 하자는 뜻은 아니다.

아빠로서 자녀와 함께 하고 싶은 놀이 아이디어가 없다면 꼭 한 곳을 추천해 주고 싶다. 네이버에 있는 아빠 놀이 카페다. 이곳은 출석이 저조한 회원들은 6개월에 한 번씩 강제 퇴출을 시켜 아빠들을 긴장시키는 카페이기도 하다. 요즘 블로그 마케팅 홍수 속에 회원 수를 뻥튀기로 늘리는 경우도 허다하지만, 이곳은 실제 자녀와 소통을 하는 아빠들로만 이루어져 있다. 수많은 아빠가 자녀와 접촉하고 소통하는 순간순간을 인증 샷으로 남기고 있고, 아내가 남편 아이디를 통해(남자만 가입할 수 있다.) 남편을 칭찬하는 글을 올리는가 하면, 180도로 바뀐 자녀의 반응에 행복한 비명을 지르고 있다.

가끔씩 오프라인 모임을 가져 단체 놀이를 즐길 때면 그 느낌은 최고조에 이른다. 온 가족이 함께 와서 함께 놀이를 즐기고, 아내는 달라진 남편의 모습을 소감으로 쏟아 내기도 한다.

이 가정들에서 아빠 놀이는 날마다 이루어지는 습관이 된다. 단 10분 동안 하는 아빠 놀이가 가정을 바꾸고, 집안 분위기를 완벽히 바꿔 놓는 것이다. 아빠 놀이 카페의 권오진 교장은 SBS의 〈우리 아이가 달라졌어요〉 프로그램에서 자문 역할을 하며 아빠와 함께하는 놀이에 관한 10여 권의 책을 내기도 했다. 그는 나의 아빠 놀이 멘토이기도 하다. "문제가 있는 아이들 뒤에는 반드시 문제가 있는 부모들이 있다."라고 그는 말한다. 전적으로 동감한다. 물론 완벽한 부모는 없기에 조금씩 다를 수는 있다. 핵심은 자녀에게서 해답을 찾지 말고 부모 자신에게서, 바로 아빠에게서 문제를 찾아내어 해결해야 한다는 점이다.

Chapter. 2

1:1 교감의 백미,
가족 산행

화창한 일요일 아침 7시.

"기상! 기상! 산에 갑시다!"

내가 야단법석을 떠는 소리에 두 딸이 눈을 감은 채 뒤척거리며 말했다.

"아앙, 아빠 조금만 더 자면 안 돼?"

거기까지는 애교로 봐 줄 수 있었다. 이어지는 아내의 짜증 섞인 말투 때문에 울화통이 터진다.

"애들 어제 밤늦게까지 책 보다 잠들었어요, 그냥 자게 내버려 둬요."

어쩌자는 말인가? 산에 가자는 말인지, 말자는 말인지 한두 번이 아니었다.

약속을 해 놓고 일주일 전, 하루 전에도 오늘 산행에 대해서 상기시켜 주었는데도 오늘 일정에 차질을 빚는 우리 집 여자들에게 섭섭한 차원을 넘어 은근히 화가 치밀어 올랐다. 약속을 했으면 그 약속에 맞춰 시간을 관리하는 것은 기본적인 소양이건만, 우리 집 여자들의 아침은 역동적이지 못하다. 가족 산행을 시작한 지 3년째 접어드는 어느 일요일 아침 우리 집 풍경이다.

내가 가족 산행을 아침으로 계획했던 이유는 하루 일과가 효과적이기 때문이다. 아침 7시에만 출발해도 12시면 웬만한 산행을 마칠 수 있고, 식사를 한다고 해도 오후 2시면 모든 스케줄을 끝내고 자신만의 시간을 가질 수 있다는 이점을 왜 우리 집 여자들은 모를까. 가족 산행이 있기 전날 일찍 자두면 얼마나 좋을까? 11시에나 산행을 시작하면 남들 하산할 때 등산하게 되고, 하산하고 나서 어중간한 식사를 하고 결국 저녁까지 시간을 어쭙잖게 쓰게 되는 일과가 너무 아까웠다. 나 혼자 새벽 5~6시면 산행을 시작할 수 있던 때에 비하면 시간이 아까워도 너무 아까웠다.

막내아들은 일치감치 일어나 자신이 사용할 등산 스틱을 챙기느라 마당을 왔다 갔다 부산을 떨면서 쿨하게 말한다.

"아빠, 누나들은 아침마다 저렇게 힘들어해. 우리끼리 가자!"

막내 현우는 다섯 살 되던 해에 처음으로 산행을 시작했다. 낙엽을 밟으며 맨손으로 아빠와 오른 북한산 백운대에서 느낀 성취감이 산행에서 바위를 타는 재미와 어우러져 아빠와 함께하는 산행이라면 어디든 따라나서기 시작했다.

하지만 가족 산행에 의미를 두고 있는 내가 어떻게 막내만 달랑 데리고 갈 수 있겠는가. 이날을 기점으로 나는 2년 동안 포기하지 않았던 '아침 산행'을 포기했다. 우리 집 여자들이 아침형 인간이 아님을 비로소 인정하고 받아들이는 순간이기도 했다.

"그럼 아빠가 먼저 준비하고 있을 테니까 좀 더 자고 일어나쇼."

나는 이내 부엌으로 가서 달그락거리기 시작했다. 얼려 놓은 물과 따뜻한 보리차를 보온병에 담고, 정상에서 땀이 식을 것에 대비해 아들의 점퍼와 내 옷을 챙겼다. 한 시간이 지나도 일어나지 않는 여인네들을 보면서 속으로 투덜거리며 준비를 끝낼 무렵 여인들도 일어나 주섬주섬 갈 준비를 했다. 약간 불편한 아침 시간이 지나가고 산행을 시작하면 신기하게도 언제 그랬냐는 듯이 생기발랄하게 대화가 이루어진다.

"아빠, 오늘 하산 메뉴는 뭐예요?"

"오늘도 이벤트 있나요?"

"아빠, 오늘은 흙길이니까 할머니 모시고 가요."

이렇듯 사랑스러운 말들이 쏟아진다.

'상대가 틀리지 않았으니 서로의 다름을 인정하라.'고 사람들에게 그토록 말하고 다니면서 이제야 비로소 우리 집 여자들의 다름을 인정하다니! 화창한 날씨에 산을 오르며 다시 한 번 반성하면서, 미리 준비한 보물찾기를 점검하기 위해 주머니에 손을 넣어 더듬거렸다.

가족 산행 초창기에 아이들이 따라나서지 않으려고 할 때 써먹었던 방법이 바로 보물찾기라는 이벤트였다. 사실 나이가 들어 자연스럽게 자연과 벗 삼고 싶은 어른들에게는 하지 말라고 해도 하는 일이 산행이다. 하지만 아이들에게는 귀찮거나 괴롭기 그지없는 일이 아닐 수 없다. 좋지만 귀찮고, 유익하지만 힘든 일에는 어떻게 하면 아이들에게 재미를 붙여 주고 성취감을 불어넣어 주어 지속하게 할지 고민하고 시도하는 일이 아빠가 해야 할 숙제다. 그런 차원에서 보물찾기 이벤트를 준비한 것이다.

산 중턱 부근에 가면 뒤처지는 척하다가 적당한 지점에서 종이에 적은 10여 개 보물을 바위 밑이나 풀 사이 또는 나뭇가지 위나 옹이에 숨겨 놓는다. 평소에 아이들이 그토록 간절히 원하던 것이나 뜻하지 않은 대박 상품일 수도 있다. 이는 순전히 아빠 마음이기에.

이날 준비한 보물은 다양했다. 스킨십을 좋아하는 가족 내력답게 '오늘 밤 아빠가 15분 동안 다리 주물러 주기.' 이는 사실 또 다른 소통 기회를 만들고자 함이기도 하다. 또 평소에 인스턴트식품을 잘 안 먹는 아이들에게 '일주일 이내 치킨'이라는 대박 상품을 가끔 적어 놓기도 한다. '민지가 원했던 파란 운동화' 만약 이 보물을 현우나 민형이가 찾는다면 주인공인 민지와의 밀고 당기는 거래가 자연스럽게 이루어지면서 산속에서부터 하산해서 식당에 이를 때까지 웃음꽃이 핀다.

아주 가끔은 보물이 아닌 폭탄이 있기도 하다. '마당 창고 정리하고 용돈 받기' 이런 보물(폭탄)을 찾으면 못 찾은 척 버리지 못하는데 왜냐하면 용돈 액수가 적지 않기 때문이다. 역시 아빠에게 거래가 들어온다. 얼마라도 많이 쥐어 주고 싶은 아빠 마음이지만, 돈은 반드시 기여에 대한 보상으로 받게끔 하는 방침이 우리 집 용돈 규칙이기에 그러한 기회를 제공하는 것이다. 흔한 보물로는 '베라 한 통', '학교 태워 주기', '떡볶이 사 주기', 현우를 겨냥한 '반나절 축구와 목욕탕', '사자 신전 완성하기' 따위가 있다. 보물은 아이들이 평소 좋아하는 것들을 대화를 통해 미리 적어 놓은 뒤 적절히 써먹으면 맞춤형 선물이 되기에 충분하다. 아이들의 마음을 잘 헤아려서가 아니라 평소에 아이들끼리 나누는 이야기에 귀 기울인 덕에 할 수 있는 것이다.

정상까지 올라갈 때 아내는 두 딸과의 일대일 교감에 많은 신경을 쓴다. 오를 때에는 둘째 민지와 풀리지 않은 문제를 터놓고 이야기하거나, 내려올 때에는 첫째 민형이에게 부족한 점이 뭔지 본인의 생각을 듣는 시간으로 유용하게 써먹는다. 사실 가족 산행은 유일하게 아내가 제안해서 생긴 특별한 소통 채널이다. 한창 국악에 심취해 있어서 매주 수업을 받는 것만으로 만족하지 못하고 매달 소리 산행을 하는 내게 아내가 어느 날 크게 짜증을 내며 말했다.

"가족과 소통을 잘한다고 자부하시는 분이 주말마다 남들하고 그렇게 산으로 놀러 다녀요? 가족들하고 가족 산행을 해야 하는 거 아닌가요?"

순간 뒤통수를 얻어맞은 느낌이었다. 정확한 지적이었다. 하지만 동시에 아내가 한 바른말은 내게 가족 산행을 할 수 있는 기회와 명분을 제공해 주었다. 더군다나 산행이란 말 앞에 가족을 자연스럽게 붙인 가족 산행이란 말이 아내 입에서 나왔음이 더욱 뿌듯했다. 나는 즉석에서 대답했다.

"그럼 소리 산행 당분간 쉴 테니 가족 산행 하면 한 달에 한 번 할 수 있어?"

"그럼요. 민형이, 민지도 가끔씩 산에 좀 다니고 해야지!"

아내의 긍정적인 대답에 나는 단 두 가지만을 내세웠다.

"그럼 두 가지만 약속해. 산에 가기로 했으면 일정대로 가고, 일단 가면 정상을 꼭 밟아서 인증 샷을 찍자고.”

남편이 다니는 소리 산행에 은근 약올라 있던 아내는 바로 동의했고, 그달 가족회의에서 가족 산행은 무리 없이 통과되었다. 두 딸은 두려워했고 걱정했지만, 부부가 합심했으니 통과되지 않을 안건이 없었다.

이렇게 시작된 가족 산행의 첫 행선지는 검단산이었다. 그런데 이것이 실수였다. 인터넷에 가볍게 적어 놓은 후기만을 보고 선택했는데 세 살배기 막내와 일흔이 넘은 어머니를 모시고 가기에는 너무 험한 산이었다. 가족 산행으로는 다시 검단산을 밟지 않겠다고 마음을 먹었다. 아무튼 첫 산행을 끝내고 힘들었던 첫 산행의 미안함 때문에 큰 마음 먹고 미사리 장어집으로 가서 온 가족이 장어를 배불리 먹었던 기억이 생생하다. 그 뒤 수차례 이어지는 산행에 우리 집 여자들을 끌고 나오는 데 무척이나 애를 먹었지만, 내가 새벽 산행을 포기한 뒤부터는 지금까지 잘 진행하고 있다.

산행을 하면서 두 딸과 엄마 사이에는 많은 앙금이 사라졌다. 같은 내용이더라도 집에서 하는 대화에 비해 탁 트인 산야에서 신선한 바람을 맞고 젖은 땀을 말리며 하는 대화가 마음의 빗장을 상당 부분 풀어 주기 때문에 서로의 이야기를 경청하게 해 준다. 두 번째 산행(청계산 옛골 - 이수봉)에서 두 딸이 하는 이야기를 잘 듣는 아내의 모습을 보며 내가 궁금해서 물어보았다.

“당신이 애들 말에 그렇게 진지하고 다정하게 귀 기울여 듣는 모습에 나 감탄했어!”

그랬더니 솔직 빼면 시체인 아내가 뜻밖의 말을 했다.

"올라가기가 너무 힘들어서 말하기보다 듣는 편이 쉽더라고. 그래서 그냥 듣기만 해 준 거야. 근데 그렇게 경청하는 것처럼 보였어?"

이 짧은 대화에서 우리는 느꼈다. 의도하지 않은 경청이었지만 잘 들어 주는 엄마의 모습에 마음이 열린 아이들이 엄마에 대한 믿음을 한층 키웠음을. 그 뒤 아내는 두 딸과 불협화음이 생길 때면 차곡차곡 머릿속에 저장해 놓았다가 산행 때 솔직담백하게 털어놓고 화해를 유도하거나, 은근슬쩍 중요한 결정을 권유하거나, 자기주장을 자연스럽게 관철시키고 있다. 역시 아이건 어른이건 자발적인 행위에는 힘이 느껴진다.

사회인들은 업무상으로 긴밀한 이야기를 하거나 어려운 협상을 앞두고 있을 때 가끔 관계를 빙자한 골프를 이용하곤 한다. 네다섯 시간 이상을 확실히 확보할 수 있기 때문이며, 상대에게 배려할 수 있는 기회를 만들 수 있기 때문일 것이다. 나 역시 그래 왔다. 골프 자체에 재미를 느끼지 못하는 나 같은 사람이라면 산행을 적극적으로 권한다. 땀 흘리며 지리산 천왕봉을 함께 다녀온 사이라면 서로 믿지 못할 것이 무엇이란 말인가? 욕심을 좀 더 낸다면 가족 산행에 부모님과 함께하는 모험을 권하고 싶다.

일본 효행실천연구회에서 발표한 한 연구 결과가 무척 이채롭다. 부모와 떨어져 사는 경우 1년에 만날 수 있는 시간이 명절을 전후해 6일이라고 가정한다면, 그 뒤 부모가 20년을 더 산다고 할 경우 함께 할 수 있는 날은 120일, 이날들 가운데 하루에 11시간을 부모와 함께 시간을 보낼 수 있다면 총 1,320시간 남짓, 그러니까 55일 정도밖에는 안 된다고 한다. 이 책을 읽는 여러분의 효도 방식은 어떠한가? 요즘처럼 부모님이 건강하게 오래 사는 고령화 시대를 맞아 나는 부모님과 자녀들이 함께하는 산행을 적극적으로 권장하고 싶다. 에베레스트나 히말라야를 오르라는 말이 아니다. 거창하게 시작하면 실패하기 십상이다. 지리산이나 설악산에 가면 더욱 좋겠지만, 청계산 옛골 코스나 북한산 대남문, 불암산 정도도 좋고, 아차산이나 우면산 정도 되는 산책으로도 충분하다. 불과 서너 시간 정도 걸리는 산행에 3대가 모여 한 달에 한 번 또는 계절별로, 그것도 아니라면 1년에 한 번쯤 시도해 본다면 생각지 못한 행복의 순간들을 쌓을 수 있을 것이다.

가족 산행은 우리에게 많은 가르침을 선사한다. 사시사철 달라지는 아름다운 풍경을 우리에게 내주고, 오르고 내리는 어려움과 즐거움을 동시에 선사한다. 정상에서 느끼는 바람과 공기는 말할 것도 없다. 관심만 있으면 꽃과 나무, 벌레와 새들을 원없이 관찰할 수 있고, 사찰과 흙에 대해서도 공부할 수 있는 기회가 널려 있다. 천천히 오르면서 나누는 일상의 자질구레한 대화 속에서 우리는 이해와 배려를 배우기도 한다. 많은 사람이 커다란 결정과 선택 그리고 결심과 실천 의지를 다짐하는 순간을 왜 산 정상에서 맞이하고 싶어 하겠는가?

이러한 유익한 점들이 많은데도 산은 우리에게 고액의 돈을 요구하거나 엄청난 시간을 요구하지도 않는다. 나는 큰딸이 결혼 적령기가 되기까지 적어도 10년은 남았다고 생각한다. 그 남은 시간 동안 함께 등산을 할 기회를 적어도 1년에 여덟 번으로 잡더라도 지금까지 정상을 밟은 인증 샷과 합치면 충분히 '100봉 인증 샷'을 만들어 낼 수 있으리라 예상한다. 이 '100봉 인증 샷'을 이다음에 배우자가 정해지게 되면 그 신랑감에게 전해 주고 싶다. 수천 마디 말보다 이 100봉 인증 샷 사진이 우리 가족 문화를 설명하는 데에는 훨씬 효과적이라 확신한다.

지금까지는 아이들 학업과 아내의 바람으로 아내와 함께하는 시간을 좀 더 보내기 위해 부부 산행이 주가 되었지만, 언제든 가족회의를 통해 산행 일정을 잡을 수 있다는 점이 바로 가족 소통을 시스템화한 놀라운 장점이다.

참고로 산을 잘 안 다니던 사람들을 위해 노인이든 어린아이든 가족끼리 어렵지 않게 가족 산행을 할 수 있는 쉽고도 편한 코스 다섯 군데를 부록에 첨부해 놓았다. 어느 산에서 혹시 만날지도 모를 일이니, 만일 만난다면 막걸리 한잔 함께 나누며 가족 이야기를 할 수 있는 소박한 꿈을 꿔 본다.

Chapter. 3

즐거운 일탈,
아내의 날

달력 어디에도 아내의 날은 없다. 하지만 우리 집 달력에는 매달 아내의 날이 있다.

"여보, 나 이번 주 토요일은 아침 일찍 7시에 나가요. 현우 밥 먹이고 대청소 좀 부탁해요."

어디를 가는지, 언제 돌아올지, 누구를 만나는지, 무엇을 할지 모두가 불문이다. '묻지 마!'의 날이 바로 아내의 날인 셈이다. 아내의 날은 아내에게는 완벽한 자유의 날이다. 묻지도 따질 필요도 없다.

아내가 외출하면 의례히 그날 이루어져야 할 일들을 머릿속에 떠올린다. 어떤 날은 금요일 저녁부터 바빠지기 시작한다. 필요한 가정 살림과 양육을 어떻게든 완수해 냄이 아내의 날에 아내가 내세운 남편이 지켜야 할 규칙이다. 이런 일들을 한 달 내내 하는 아내도 있는

데 하루를 못할까?

아내에 대한 사랑 표현이랄까, 아이들 양육과 살림살이에서 조금이나마 숨통을 터 주고 즐길 수 있는 시간을 주기 위해 아무것도 묻지 않고 아무것도 하지 않아도 되는 완전한 자유의 날을 아내에게 선물했다. 7년 전 일이다. 아내의 행동반경은 생각보다 좁았고, 다람쥐 쳇바퀴 같은 일상 속에서 똑같은 집안일이 지겹게 반복되고 있을 즈음 매우 파격적이고 놀랄 만한 선물이 바로 아내의 날이었다.

다만, 조건이 있었다. 아내의 빈자리가 생기면 그 빈자리를 누군가는 메워야 하기 때문에 적어도 일주일 전에 미리 날짜를 알려 줘야 하고, 또 한 가지는 반드시 집 밖으로 나가서 활동하라는 것이었다. 당연히 가족회의를 통해 아이들도 인지할 수 있도록 공식적으로 알려 주었다.

나는 일정에 가장 먼저 신경을 쓰고 조정을 하게 되었다. 대부분 토요일을 택했기 때문에 나만의 무언가를 포기하면 되었다. 한 달에 한 번뿐인 아내의 날이기에 대외적인 명분도 좋아 일정을 조절하는 데 큰 어려움이 없었다. 아내는 '내가 뭘 할지 궁금하지요?' 하는 호기심을 일으켰지만, 나는 절대 아는 척하지 않았다. 마치 아내의 날을 빙자해 아내가 하던 살림과 양육의 일부를 빼앗은 듯한 쟁취감으로 무장했다. 아내의 일을 대신해야 한다는 스트레스를 받기보다는 긍정적인 힘을 발휘한 것이다.

아내의 날에 아내가 어떤 일정을 보내는지는 흥미로운 관찰거리였다(물론 결코 참견하지 않았지만). 처음에는 친구를 만나러 나갔다. 그러다 술자리도 갖게 되었다. 어차피 술을 못 마신다는 사실을 아는지라 걱정이 없었다. 묻지 마 원칙이었지만, 잠자리에 들면 근지러운 입을 열어 미주알고주알 수다를 늘어놓는 쪽은 아내였으니 말이다. 나는 아내가 자기 계발 쪽으로 눈을 돌리기를 은근히 바랐다. 하지만 미래를 위한 공부를 하기에는 턱없이 부족한 시간임에는 분명했다. 만약 자기 계발 쪽에 매진하고 싶다면 얼마든지 시간과 자금을 지원해 주겠다고 선포했다. 아내의 날과는 별도로 말이다. 아내는 주위 사람들과 친목을 쌓는 데 시간 대부분을 보냈고, 나는 입이 근질거렸지만 원칙을 지키려고 입을 꾹 다물었다.

내가 하루 종일 집과 아이들을 보살펴야 하는 시간 동안 무엇을 어떻게 할지에 대한 고민이 필요했다. 아빠 요리를 만든 때도 이쯤이다. 이왕이면 엄마 없는 날 아이들과 함께 하는 이벤트를 만들면 효과적이리라 생각해서다. 아내가 없는 날은 아내에게도 일탈이라는 유익함을 주지만, 남편인 내게도 아내에게서 해방되는 묘한 기분을 느끼게 해 주었다. 예전과는 정반대로 아이들을 맡는 일은 내게 더없는 기쁨이 되었다. 아이들과 함께 놀 거리가 내게는 무궁무진했기 때문이다.

대부분은 평범하지만 특별한 아빠 요리를 만들어 먹고 함께 놀고 함께 책을 읽다 보면 금세 하루가 저물었다. 청소와 빨래를 해야 할 때에는 가장 먼저 아이들과 작전을 짠 뒤 아빠 요리로 동기부여를 하고는 순식간에 해치웠다. 아내의 날은 아빠가 아이들과 신나게 보낼 수 있는 멋진 시간이 되었다.

그런데 아내의 날에 부작용이 발생했다. 한 달에 하루였던 아내의 날이 이틀이 되고, 사흘이 되더니 심지어는 매주 아내의 날이 되어 버리기도 했다. 나 또한 어느새 익숙해져서인지, 베푸는 사람이 되어서인지 나쁘지 않았다. 왜냐하면 아이들과 함께하는 시간은 그만큼 즐거웠기 때문이다. 내 살림 실력은 점점 늘어만 갔고, 아내의 일탈과 사회성은 점점 빛을 보기 시작했다.

고백컨대 지금은 아내의 날이 없어졌다. 정확히 말하자면 아내의 날이 필요 없게 되었다. 아내는 어느 때이든 본인이 원할 때 일정을 잡고 나가게 되었다. 우리 집 문화가 바뀐 것이다. 나는 아내의 바깥생활에 전적으로 찬성했고, 가능하면 함께 하기를 즐겨 하고 있다. 아내의 날이 아내가 사회생활을 누리고 아빠와 아이들이 유대감 다지게 한다는 궁극적인 목적은 멋지게 달성된 것이다.

아내가 장시간 비워야 할 때에는 가족회의를 통해 서로의 일정을 공개하고 알려 준다. 아내의 바깥 활동이 많아지면서 집을 비우는 시간도 늘어났다. 거꾸로 생각하니 그전에는 그렇게 못해 주어서 아내에게 미안했다. 만약 집에서 밥을 하고 아이들을 챙기는 일을 아내의 일이라고 단정 지어 버렸다든가, 부엌일이나 집 안을 치우는 일이 남자가 해서는 안 되는 일이라는 고정관념을 가진 사람이라면 아내의 날이 확대되기를 두려워할지도 모른다. 하지만 자상한 남편, 친구 같은 아빠가 이제는 경쟁력으로 작용하는 시대다. 아내와의 사이가 돈독해질 뿐 아니라 아빠와 아이들 사이에 소통이 더 잘 된다는 중요한 수확도 있으니 얼마나 좋은 일인가.

아내의 집안일을 긍정적인 관점으로 떠안은 결과는 생각보다 좋았고, 뜻밖의 성과들이 내게 선물로 주어졌다. 아내의 날은 아빠 입장에서 움직이던 가부장적인 집안 분위기를 바꿔 주었다. 평등하다고 입으로만 외치기보다 부부가 정말 평등하게 서 있음이 진짜 평등이다. 우리 부부는 평등하다. 아내의 날은 아내와 나, 서로가 승리한 제도였다.

Chapter.4

가정도 회사처럼,
가족 워크숍

{ 가정이란 어떠한 형태의 것이든 인생의 커다란 목표이다.
- J. G. 홀랜드 }

"가족이 뭔 워크숍을 가요?" "놀러 가신다는 얘기죠?" "형님은 가정을 회사처럼 생각하시나 봐요!" "가족한테 이것저것 하시는 게 참 많으시네요!"

회사 동료들이 다양한 반응을 보인다.

가족 워크숍은 2009년 10월 23일, 가장 최근에 시작한 가족 소통 채널이다. 가족들이나 주위 사람들은 의아해했지만, 내게는 확실한 목적이 있었다.

회사에서는 1년에 두세 번씩 팀별로, 본부별로 회사 전체가 나서서 조직원 단합과 공동 목표에 공감하게 하고 사내 문제를 해결하는 방법을 도출하는 기회로 워크숍을 자주 사용하는데, 이는 일종의 바깥 활동(outdoor activity)이라고 볼 수 있다.

한 가족에게 회사처럼 개인의 목표와 공동의 목표가 없을 리 만무하다. 서로의 영역과 할 일의 색깔이 많이 다르기는 하지만, 일심동체를 이룰 수 있는 주제는 정말 많다. 이 공통 주제에 여행이 주는 특별한 분위기를 더한다면 좀 더 집중적이고 솔직 담백하게 이야기할 수 있지 않을까.

우리 집은 첫 가족 워크숍에서 우리 가족만의 특성과 성격을 규정해 보는 시간을 가졌다. 강원도 산골의 한 펜션을 예약해 먹거리와 놀거리를 준비해서 수련을 떠났다. 일상적인 여행과 똑같은 순서로 진행되지만, 저녁을 먹고 난 뒤 미리 정한 주제로 가족끼리 머리를 맞대고 결론을 도출하기 위한 토론이 있다는 점이 다르다. 어머니까지 3대 여섯 식구가 모여 '우리 가족에게 있는 독특한 점을 취합하고, 우리 가족은 어떤 가족인지를 규정하는 대토론회'를 가졌다. 물론 아이들 수준에 맞춰 회의가 진행되었고, 수도 없이 많은 발언이 쏟아져 나와서 하나하나 검토하는 과정에서 많은 찬반 논리가 넘쳐났다. 초등학교 고학년만 되면 얼마든지 토론에 참여할 수 있다는 사실을 알게 된 때도 이때였다. 가족회의와는 사뭇 다른, 진지하면서도 재미있는 경험이었다.

가족회의가 여러 안건을 토의하는 자리라면 가족 워크숍은 단 한두 가지 주제로 끝장을 보고 결론을 도출해서 모두가 합의하는 식이었기에 내용적인 측면에서 더 깊이가 있었다. 아이들이 생각하는 바와 논리력, 전달력을 새삼 알게 되었다. 이러한 멍석을 깔아 주는 역할이야말로 집안의 가장인 아빠가 해야 할 일이라고 생각한다.

두 딸과 아내가 적극적으로 참여해서 도출하고 합의한 결론을 공개해 본다.

우리 집의 독특한 점(다른 가족과 구별되기도 하면서 우리 집의 공통점 10가지)

1. 3대가 산다.

2. 함께 하기를 좋아한다.

3. 독서를 즐긴다.

4. 포옹을 자주 한다.

5. 많이 웃는다.

6. 스스로를 자주 칭찬한다.

7. 나눔과 배려가 생활화되어 있다.

8. 여행을 많이 다닌다.

9. 끊임없이 도전한다.

10. 잘생겼다.

이를 통해 '우리 가족'의 특징을 한 문장으로 정리했다.

웃음과 포옹을 즐기는 우리 가족은 이웃과의 교류를 중시하고, 독서와 여행을 함께 즐기며, 스스로를 칭찬하고 사랑하고 끊임없이 도전 하는 데 아낌이 없다.

이 작은 행위에서 느꼈던 가족끼리의 공감대는 무게를 달기 힘들 정도로 값진 것이다. 간단해 보이지만 도출된 결과는 자기 것, 우리 가족의 것이 된다. 그 뒤부터 우리 가족은 평소보다 더 많이 웃기 시작했고, 좀 더 여행을 다니려고 노력했으며, 서로를 칭찬할 근거를 찾는 데 조금 더 신경을 쓰게 되었다. 우리가 만들어 놓은 우리 가족의 독특한 점들이 마치 주문처럼 읊조려졌다.

무엇보다 값진 것을 다른 누구도 아닌 내가 건졌다. 결코 만만치 않은 사회생활에, 이따금씩 불거지는 정체감의 혼란 속에, 홀어머니의 노후, 아내의 투병, 미래에 대한 불안이 태풍처럼 밀려올 때가 있다. 더 이상 물러설 곳이 사라진 낭떠러지에 서서 어마어마한 두려움과 자괴감이 엄습해 올 때 한 집안의 가장은 모든 것을 내려놓고 싶어진다. 가장의 무거운 어깨가 한없이 땅속으로 꺼져 버리고 아무도 없는 곳으로 도망쳐 숨어 버리고 싶은 강렬한 충동을 느낀다.

가장이라면 한 번쯤은 느껴 본, 아니면 느끼게 될 세상에서 도망치고 싶은 그때에 나는 가족과 함께했던 때를 떠올린다. 아니, 떠오른다. 나의 세 아이들이, 아내가, 어머니가 함께 입을 모아 이야기했던 '우리 가족은 끊임없이 도전한다.'라고 했던 말이 떠오른다. 그러면 마치 마술처럼 없었던 힘이 생겨난다. 입을 모아 공감했던 그 한마디의 위력이 나를 수렁에서 건져 낸다.

위기는 계속 찾아온다. 하지만 그조차도 즐길 수 있음은 가족이 있기 때문이다. 한때 가족은 짐이라고 생각했던 순간이 있었다. 아니다. 절대 아니다. 가족이야말로 가장 큰 힘이다.

Chapter. 5

혼자는 힘들어,
가족 운동

경상도 어느 마을에 그만이와 작심이가 살았다. 둘은 한 마을에 살면서 날마다 함께 운동을 하기로 결심했다. 그만이와 작심이는 하루, 이틀, 사흘을 이른 아침에 일어나 뒷동산에 올라가 열심히 운동했지만, 사흘째가 되자 아침 일찍 일어나기도 피곤하고 날마다 산에 오르기도 귀찮아져서 동시에 그만두고 말았다. 다음 날 그만이는 날마다 운동한다는 자체를 홀가분하게 잊어버렸다.

반면에 작심이는 마음에 아쉬움이 남았다. 그래도 사흘 동안 공들인 것이 아깝기도 하고, 계속하고 싶은 마음이 남아 있었다. 그때부터 나흘이 지나 일주일이 되는 날 작심이는 다시 한 번 도전하기로 결심했다. 다시 운동을 시작한 지 사흘째에 작심이는 또다시 귀찮아지는 자신을 느꼈고, 또다시 사흘을 쉬었다. 그러고 나자 몸이 근질거렸고,

계획대로 운동을 계속해야 한다는 마음에 다시 마음을 추슬러 뒷동산에 올랐다.

이런 반복을 40~50번을 하고 난 어느 날에 작심이는 1년이 지났다는 사실을 깨달았다. 지나고 보니 매주 작심삼일이었지만, 50주 동안 무려 150일이나 뒷산에 오른 사실을 깨달았다. 더구나 1년 동안 보이지 않던 그만이를 우연히 만나 그의 몸무게가 10킬로그램이나 불어난 모습을 보고 충격을 받았다. 작심이는 자신이 매주 하다 말다를 반복했으니 의지가 빈약하다고 생각해 왔지만, 그 덕분에 꾸준히 운동을 할 수 있었다. 작심삼일이라 해도 이를 계속 반복한다면 목표한 바를 이룰 수 있음을 깨닫는 순간이었다.

이 이야기는 작심삼일(作心三日)의 긍정적 개념을 잘 설명해 주고 있다. 작심삼일의 연속! 이것이 바로 가족 운동의 핵심이다.

우리 집 두 딸과 아내는 운동을 어찌나 싫어하는지 산에 오르거나 밖에 나가서 하는 운동의 '운'자만 나와도 고개를 저어 버린다. 사람의 성향이 어떻든 반드시 하지 않으면 안 되는 일이 운동 아닐까? 자기 몸에 대한 예의이기도 하고, 건강을 위해서는 더욱 당연하다. 적당한 운동을 나쁘다고 하는 사람은 없다. 심한 운동은 부작용을 낳을 수 있지만, 아예 운동을 하지 않는 경우는 나중에 건강상 문제가 발생할 수 있다는 사실은 모두가 인정하는 바다.

나는 집안의 가장으로서 우리 가족이 운동을 싫어하는 문제를 해결하기 위해 갖은 방법을 써 보았다. 그 수많은 시도 가운데 성공을 맛본 방법이 두 가지다. 하나는 수년 동안 매달 한 번씩 유지해 오고 있는 가족 산행이고, 또 하나가 바로 가족 운동이다.

운동을 자신과의 싸움이라고 말하는 데 다들 공감할 것이다. 전적으로 맞는 말이다. 하지만 이런 경우는 어떠한가? 사람은 뭔가 '타이틀'이 걸리면 싫어도 움직일 때가 있다. 보상을 바라는 심리도 작용하고 도태되지 않기 위해서도 움직이게 된다. 은근한 경쟁심 유발은 지나치지 않다면 권장할 만한 일이다. 그러다가 재미까지 붙이게 된다. 그다음은 스스로 굴러 가게 되어 있다. 하지 말라고 해도 자꾸 하자고 하는 경지에까지 이른다.

우리 집 가족 운동은 아이들 방학 때를 중심으로 실내와 실외로 나뉘어 진행된다. 종목은 거의 10여 가지 내외로 한정되어 있다. 실내에서는 주로 윗몸일으키기, 물구나무서기, 트위스트, 108배, 하늘 자전거를 한다. 이 정도만 가지고도 저녁마다 아이들과 깔깔대며 함께 운동하면서 소통을 하기에 충분하다.

그 가운데에서도 실내 운동의 대표는 윗몸일으키기다. 특히 방학 중에는 거의 날마다 가족 운동 프로그램이 돌아간다. 방학과 동시에 가족회의를 열어 방학 중 가족 운동 계획을 짜고 의견을 취합해서 가결시킨다. 윗몸일으키기는 세 아이와 부모가 함께 모여 있는 저녁 시간이나 늦은 밤 잠자리에 들기 전이 제격이다(내가 7년 동안 열심히 수련했던 선무도의 오체유법이라든가, 삼토식을 통한 단 10분 동안의 명상도 잠자리에 들기 전 함께 하기에 좋은 프로그램이다). 하루에 100개씩 목표를 세우고 이불 위에 누워 각각 20개 1세트로 돌아가면서 시작한다. 막내 현우가 하는 우스꽝스러운 윗몸일으키기를 보면서 웃음꽃이 피기도 한다. 서로 복근을 과시하기도 하고, 자세를 제대로 교정해 주기도 한다. 힘들면 잠깐 쉬기도 하면서 이런저런 공감대를 이룰 수 있는 화젯거리들이 힘들어 거친 숨을 몰아쉬는 간격을 메운다.

계획은 주로 한 달 간격으로 세우지만, 체크리스트는 일주일 단위로 만들어 표기할 수 있게 만든다. 욕심을 부리지 않고 일주일 가운데 3일만 넘기면 마음속으로 성공했다는 쾌재를 부른다. 결심해서 3일만 해도 성공이라고 생각하면 얼마든지 부담감을 덜면서 재미를 느낄 수 있다.

실외에서는 주로 뒷동산에 오르거나 동네 한 바퀴 산책하기, 마당에서 줄넘기를 하거나 배드민턴을 하는 정도의 활동을 한다. 이 가운데에서도 줄넘기는 매우 큰 성과를 본 운동 가운데 하나다. 무엇이든 자주하게 되면 자기도 모르게 실력이 느는 법이다. 우리 아이들이 또래에 비해 잘하는지는 모르겠지만, 한 번에 줄넘기 500회를 거뜬히 하기란 결코 쉬운 일은 아닐 것이다. 지금은 고등학생인 큰딸 민형이는 중학교 시절에 교내 잔디밭에서 주말에 진행되었던 아빠와의 캠프 줄넘기 대회에서 그치지 않는 줄넘기 솜씨로 나와 함께 1등을 차지하기도 했다. 둘째 민지는 줄넘기를 제일 잘하는 편이다. 아빠와 한 약속을 찰떡같이 지키는 아이라 일주일 동안 할 운동 약속을 하면 어김없이 하는 편이다. 그러다 보니 날마다 1,000번씩 하는 줄넘기는 매우 쉬운 운동 과제가 되었다. 다만 날마다 해야 한다는 심리적 부담감 때문에 가족회의에서 가족 운동이 안건으로 올라오면 설왕설래 말들이 많기도 하다.

뭐니 뭐니 해도 가족 운동으로 가장 성과를 본 종목은 108배다. 우리 집 단골 메뉴이기도 한 108배는 텔레비전 다큐멘터리 〈0.2평의 기적〉을 보고 실천하게 된 사례인데, 독실한 불교 신자이신 어머니의 마음을 푸근하게 만들어 주었다. 실제 땀이 흐를 만큼 운동 효과도 높을 뿐 아니라 자세를 교정해 주는 효과도 있어서 자주 써먹는 단골 메뉴가 되었다. 둘째 민지는 108배를 통해 체중을 줄이는 감동까지 한동안 맛보게 되었다. 당연히 108염주는 식구별로 갖추고 있어야 더욱 재미가 묻어난다.

상상해 보자. 어느 따뜻한 봄날 아침, 엄마와 아빠 그리고 아이들이 뒷산 공원에 오른다. 공원에 준비된 기구를 이용하기도 하고, 막내와는 공놀이를 즐긴다. 때에 따라서는 자전거를 타기도 한다. 마음까지 따뜻해지고 행복감이 느껴진다.

사실 운동을 하러 다니다 보면 어디를 쳐다봐도 가족 모두가 함께 운동하는 모습은 찾아보기 힘들다. 정말 행복은 아무것도 아니다. 그저 사랑하는 사람들과 함께 무엇인가를 하는 일만으로도 느낄 수 있다. 생각해 보면 가족이 함께 운동을 하게 되면 혼자 힘들게 자신과 싸우면서 하기보다 이로운 점이 한두 가지가 아니다. 그 가운데 으뜸이 쉽게 인정해 주고 자주 칭찬해 줄 가족이 곁에서 지켜보고 있다는 점이다. 이것이 얼마나 큰 힘이 되는지!

작심삼일 전법으로 날마다 계획을 세우고 매주 체크하며 실천해 보자. 부산을 떨어 가며 어디를 가야 하는 일도 아니고, 돈이 드는 일도 아니다. 이 자그마한 시도가 아이들의 건강과 가족 소통에 윤활유 역할을 톡톡히 해낼 것이다.

우리는 하나,
가족 생일

'가족 생일'이라고 하면 생소해하는 사람이 많다. 가족 생일이라고 하니 "가족 중 누가 생일이야?"라고 되묻는다. 가족 생일은 바로 결혼기념일이다. 부부가 하나가 된 날이 바로 가족이 탄생한 날이 되는 것이다. 회사에도 창립일이 있고, 학교에도 개교기념일이 있다. 물론 개인도 태어난 생일이 있듯이 가족이 탄생한 날이 없을 리 없다. 그동안 결혼기념일이라는 이름에 걸맞게 부부만의 시간으로 정립되어 온 관점은 분명 잘못된 해석이자 축소된 개념 정립이라고 생각한다.

결혼기념일 개념이 가족 생일로 바뀌면 무엇이 달라지는가? 부부만의 행사가 아닌 가족 구성원 모두의 기념일이 되기 때문에 행사를 준비한다면 가족 구성원 모두가 참여하게 된다. 집안의 여러 대소사 가운데 가족 생일이 단연 가장 큰 행사가 될 수밖에 없다. 1년에 단

하루, 마치 크리스마스처럼 큰 행사로서 그날 전부터 기대하고 준비하게 된다. 이러한 호기심과 기대감은 곧 행복감으로 이어진다.

그래서 우리 가족에게 가장 큰 기념일은 가족 생일이다. 아이들이 어릴 때에는 어쩔 수 없었지만 두 딸이 초등학생이 되고부터는 늘 가족이 참여하는 가족 행사로 즐길 수 있었다.

12주년으로 기억되는 가족 생일에는 그 한 달 전부터 행사를 위한 즐거운 고민을 하던 중에 인터넷을 통해 청계천 프러포즈 프로그램을 발견했다. 가족사진 가운데에서 수십 장을 골라 주최 측에 보내면서 일정(어차피 정해져 있는 날이니까)을 예약한 뒤 프러포즈 행사 프로그램을 숙지하고는 집으로 돌아와 아내가 없는 틈을 타서 두 딸과 무릎을 맞대고 앉았다.

아빠의 가족 생일 행사 계획을 보고하는 순간 두 딸은 흥분과 기대감으로 들뜨기 시작했고, 이 비밀을 한 달 동안 지켜야 하는 미묘한 버거움도 동시에 느꼈다. 그날 이후 두 딸은 입가에 미소가 떠날 날이 없었다. 아빠가 작전 중임을 암시하는 윙크만 해도 흥분이 되는 듯해 보였다. 중간중간 쉬는 날을 이용해 미리 알아 둔, 아내가 좋아하는 이외수의 《하악하악》이란 신간을 선물로 준비했고, 동서네와 이웃집 쌍둥이네를 비밀리에 초대해 놓았다. 전날에는 꽃다발과 폭죽을 차 트렁크에 실어 놓음으로써 만반의 준비를 마쳤다.

기념일 당일이 되어 미리 짜 놓은 각본에 따라 두 딸과 아내를 데리고 "새로 생긴 마트에 가서 집에 들여놓을 어항을 보고 밥이나 먹고 오자."라고 하며 청계천으로 갔다(당시 막내는 많이 어려서 어머니께 맡기고 나왔다). "그동안 청계천 위로는 많이 지나다녔지만 새로 만들어진 물길을 따라 걸어 보지 못했으니 가 보자."라고 하며 잠깐 차에서 내려 마트까지 걸어가자고 제안하자 두 아이들은 각본대로 쌍수를 들어 환영했다. 그러고는 아내를 데리고 청계천으로 내려갔다.

어슴푸레 해가 지고 이런저런 이야기를 나누며 예정된 프러포즈 장소인 다리까지 왔을 때 행사 감독과 한 약속대로 다리 밑으로 떨어지는 대형 수상 스크린에 우리 가족사진이 연이어 나오기 시작했다.

"뭐야? 당신……, 이벤트였어?"라고 하며 아내가 놀람과 동시에 행사가 시작되었다. 나는 마이크를 잡고 준비한 편지를 읽었다. 아내는 눈물을 흘리지는 않았지만 표정에 따뜻한 온기가 퍼져 나갔다. 이때 초대된 두 가족이 청혼의 다리 위에서 손을 흔들었다. 아내의 두 번째 '깜짝 놀람'이었다. 이어 두 딸이 준비한 꽃다발을 아내에게 전해 주었고, 그러자 다리 위에서 아이 네 명이 폭죽을 터트렸다. 아내는 세 번째로 놀랐다. 이어서 예쁘게 포장한 이외수의 《하악하악》을 선물로 주었다. 행사 규모에 비해 '작은 선물'에 고개를 갸웃하는 아내를 보며 다들 웃음을 터뜨렸다.

그 뒤 사진을 찍고 두 사람의 손바닥 도장 찍기를 진행했다('타기와 주니'라는 타이틀과 함께 만든 손바닥 도장은 며칠 뒤 청혼의 벽에 전시되었다). 그러고는 청혼의 다리 난간에 마련된 낙서장에 한 마디씩 쓰고 나서 초대한 이웃들을 데리고 뒤풀이 장소로 저녁을 먹으러 갔다. 그곳에서 아내는 뜻하지 않게 초대된 쌍둥이 엄마에게 내가 선물한 이외수의 책을 다시 선물했다. 순간 너무 놀랐다. 원래 시나리오에서는 전혀 예측하지 못했던 상황이었기 때문이다. 책 포장을 뜯어 본 쌍둥이 엄마는 불과 3초도 안 되어 괴성을 질렀다. 그러고는 책을 다시 돌려주었다. 아내는 네 번째 감동을 느꼈다. 책장마다 빳빳한 현금이 꽂혀 있었기 때문이다. 그동안 내가 한 번도 현금으로 선물을 한 적이 없었기에 아내는 정말 놀랐다. 우리는 또 하나의 추억을 만들었고, 두고두고 즐거운 이야깃거리가 되고 있다.

이처럼 가장 좋은 사례가 있는가 하면, 가장 나쁜 사례도 있었다. 청계천 프러포즈 행사를 하기 몇 년 전에 나는 아내에게 생뚱맞게도 하프마라톤을 함께 뛰자고 제안했다. 여의도에서 시작된 마라톤에 우리 부부는 참가했고, 포부도 당당하게 꼴찌라는 영광을 안고 완주했다. 마라톤을 전혀 해 본 적 없는 아내를 설득해서 처음 뛴 하프마라톤은 아내의 몸을 너무나도 힘들게 만들었다. 아내는 거의 일주일을 아무것도 못한 채로 드러누워 있었고, 신음 소리를 달고 살았다. 나는 그 뒤로 한 달 동안을 죄인으로 살아야 했다. 얼마나 큰 반성을 했던지, 고집을 세우지 않겠다는 다짐에 다짐을 한 사건이기도 했다. 완전히 나만 좋자고 했던 행사로 점철된 '쓰린 추억'이었다.

그 뒤에도 방 안을 풍선으로 가득 채운 행사, 꽃다발 세례로 행복하게 해 주려다가 현금으로 안 주고 괜한 꽃만 샀다며 된서리만 맞고서는 '이제 아줌마가 되었구나.' 하고 느낀 적도 있었다. 똑같은 행사는 한 번도 없었고, 매번 다른 내용으로 계속 이어 갔다. 국악이라는 취미이자 특기와 인연을 맺게 된 계기도 가족 생일을 챙기려고 판소리 한 자락 배워 볼 요량에서 시작된 것이다(지금까지 국악 마니아로 지내고 있으며, 판소리가 한국무용으로 전이되어 도포 입고 갓 쓰고 한량무를 추며 봉사 활동에 열을 올리고 있다).

그러다가 정확히 딱 한 번, 기념일 한 달 전에 아내에게 말했다.

"이제는 당신이 한번 해 보시면 어때?"

이 말을 들은 아내는 별것 아니라는 투로 걱정 말라고 흔쾌히 대답했다. 하지만 돌아온 기념일 행사는 유명 브랜드 홍삼 진액을 한 박스 사 주는 것으로 끝났다. 두 딸과 아들은 호기심을 나타냈다가 약상자를 보고는 웃음을 터뜨렸다. 아내는 행사 준비가 너무 힘들더라, 아이디어도 안 나더라 등등 귀여운 평계를 재잘댔다.

가족 생일 행사는 아빠로서 우리 가족에게 표현하는 관심의 표현이다. 관심이 없다면 1~2개월, 길게는 4개월여에 이르는 행사 준비 기간에 어떻게 정성을 쏟겠는가? 또한 내가 재미를 느끼지 못한다면 어찌 18년을 지속할 수 있었겠는가?

가족 생일은 광복절 정도에 해당하는 크나큰 기념일이다. 당연히 그에 맞는 기념식이 있어야 한다. 1년에 한 번뿐임을 감안하면 못할 것이 뭐 있겠는가? 사랑하는 부부라면 가족 생일이 가장 큰 행사여야 한다.

Chapter. 7

최고의 현장학습,
가족 여행

수십 권의 독서보다 한 번의 여행을 권한다

책 100권을 읽기보다 한 번 여행하는 편이 낫다.

2008년 여름, 갓 태어난 막내와 아내를 처갓집에 두고 일주일 휴가를 내어 두 딸과 함께 전라남도 기행을 나선 적이 있다. 아이들은 아빠하고만 하는 장기간 여행에 쌍수를 들고 환영했다. 당시는 캠핑을 본격적으로 하지 않던 때라 차에 각종 캠핑 도구를 어설프게 싣고 전라남도 구석구석을 다니면서 박물관과 지역 축제 그리고 유적지를 돌았다. 저녁이 되면 근처에 있는 자연 휴양림을 찾아 9,000원도 안 되는 캠핑료를 내고 텐트를 친 뒤 밤하늘에 떠 있는 별을 헤아리며 아이들과 밥을 지어 먹고 이야기를 나누었던 기억이 생생하다. 실시간으로 사진을 찍어 보내 아내를 약올려 가면서 생생한 추억들을 차곡차곡 쌓아 나갔다.

준비가 미흡했던지라 예기치 않은 돌발 변수에 당혹스러웠던 적
도 많았다. 잠자리를 마련하지 못해 모텔에서 하룻밤을 보낸 적도 있
었고, 큰딸이 움직이지 못할 정도로 아팠던 적도 있었다. 또 한밤중에
오래된 텐트 속으로 주룩주룩 비가 새는 바람에 덜덜 떨며 밤을 지새
운 적도 있었다. 매우 모험적이며 인상적인 여행이었다.

2011년 여름에는 두 딸과 무인도를 탐험했다. 실로 아무것도 먹을
거리가 없는 무인도에서 생전 처음 칡을 캐 먹었고, 고둥을 잡아 끓
여 끼니를 때웠으며, 달랑게를 잡아 게전을 부쳐 어둡고 긴 밤을 간식
으로 해결하기도 했다. 아침마다 루어 낚시를 해 밥상을 차렸고, 물을
구하러 온 섬을 돌고 돌아 동굴 속에서 물을 떠 오기도 했다. 어살을
만들어 고기 잡는 체험을 했고, 작은 뗏목을 만들어 물놀이를 즐기기
도 했다. 아무것도 없는 곳에서 생존을 건 3박4일의 체험이 아이들에
게는 잊지 못할 추억이 되었음에는 분명한 듯했다.

인천항으로 되돌아온 날, 두 딸은 다시는 안 가겠다고 고개를 흔들
었지만 추억은 아름답다는 진리를 아이들은 시간이 흘러갈수록 깨닫
는 듯했다. 아빠인 나로서는 아이들에게 수십 권의 책을 읽히기보다
훨씬 유익할 수 있다는 사실을 몸소 느낀 여행이 되었다.

여행에는 휴식이 있는가 하면 교육도 있다. 여행을 하기 전에 사전
지식으로 읽었던 책 내용들을 여행 중에 확인해 가면서 같은 점, 다른
점을 발견하기도 했다. 모든 여행이 유익하고 아름답지만, 아이들의
현장 교육적 측면을 염두에 둔다면 가족 여행을 할 적기는 자녀들이
고교생이 되기 전까지로 정해 보고 싶다. 무려 15년 정도 되는 긴 시

간이 있을 것 같지만, 갓난아이 시절과 등하교하는 주중을 감안한다
면 결코 많은 시간이 기다려 주지는 않는다.

가족과 함께하는 여행을 누가 마다하겠는가! 문제는 시간과 돈 아
니겠는가. 그렇더라도 여행은 가능한 한 자주 가기를 권한다. 없으면
없는 대로, 있으면 있는 대로 말이다. 우리가 자녀 교육을 위해 투자하
는 교육비 가운데 일부분을 가족 여행에 투자한다면 살아 있는 교육을
할 수 있고, 맹목적인 교육을 뛰어넘어 사람이 살아가는 철학적인 문
제들을 되짚어 보는 소중한 기회가 주어진다. 한 과목 과외(학원)비만
절제한다고 해도 계절별로 한 번씩 갈 수 있는 여행 경비에 상당한 보
탬이 된다. 우선순위의 문제이지 없어서 못 가는 문제는 아닌 것이다.

가족 여행은 가장 좋은 현장학습일 뿐 아니라 가족 소통을 극대화
할 수 있는 절호의 기회다. 그만큼 유익하기 때문이다. 육체적으로나
심리적으로 휴식을 하고자 떠나는 여행이라지만, 사실 여행이란 얼마
나 피곤하고 힘든 일인가? 그리 편하거나 여유롭지만은 않다. 여행에
서 돌아온 사람들의 입에서 나오는 첫 마디는 "누가 뭐래도 집이 최
고네!"다. 집이야말로 평안과 안정감을 선사한다. 그렇더라도 여행은
되도록이면 자주 가야 한다. 비록 시간적·재정적인 제약으로 어려울
지라도 최대한 시간을 내서 계획을 잡고 준비해서 자주 가야 한다.

여행은 절대로 사치가 아니다. 오히려 가장 값진 무형의 투자가 될
수 있다. 여행은 영감을 제공해 줄 것이며, 예기치 못한 뜻밖의 선물
을 듬뿍 줄 것이다. 여행은 살아 있는 교육이자 가장 오래도록 남는
추억이기도 하다. 우리 집에서는 당일치기는 가족 나들이라 하고 1박
이상을 할 경우 가족 여행이라 한다. 노트북 앨범을 보니 지난 10년

동안 연간 6회 정도 가족 여행을 했었던 것 같다. 적어도 계절이 바뀔 때마다 가족 여행을 갔으며, 특별한 날을 기념해 몇 차례 더 갔다.

몇 해 전 겨울에는 평일 강화도 가족 여행을 두 딸이 제안했다. 평일에 회사를 빠져야 하는 위험을 감수하며 아이들의 특별한 제안을 받아들이는 대신 나도 제안을 했다. 강화도 마니산 정상 인증 샷과 전등사에 들러 우리 가족이 염주를 돌려 가며 108배를 함께 해 보자는 제안이었다. 조건을 거는 행위는 그다지 바람직하지는 않지만, 정상에 오른 참맛을 느끼게 해주고 싶은 아빠의 마음을 알기에 어렵지 않게 받아들여졌다. 두 딸과 아내는 눈 덮인 마니산을 오르내리며 엉금엉금 걷게 된 점에 잠시 투덜거렸고, 전등사에서는 108배를 하고 잠깐 명상에 잠긴 아빠를 기다리며 지루했을 터이지만, 힘들었던 만큼 이야깃거리는 배가 되었다. 저녁 식사를 하는 내내 미끄러운 설산을 엉금엉금 기었던 이야기와 108배를 하면서 무엇을 생각했는지를 서로 묻고 답하며 즐거워했다.

여행 사이사이 기억에 남을 행사를 한다면 추억을 더듬는 이정표가 되므로 꼭 필요하다는 생각이 든다. 사실 따지고 보면 자녀들과 함께하는 가족 여행 시간이 그리 많을 수만 있겠는가? 현실을 감안한다면 얼마 남지 않았다. 가족과 열심히 여행을 다니자. 아이들은 생각보다 빨리 자라 버린다. 마치 우리 가정이 콩나물시루가 된 듯이 쑥쑥 자라는 것이다. 아빠들이여, 시간이 없다.

가족 여행은 우리에게 세 가지 즐거움을 선사한다. 떠나기 전의 호기심과 기대감 그리고 준비하는 과정에서 느끼는 즐거움이 그 첫 번째다. 설왕설래하며 여행지와 일정을 선택하고 프로그램을 준비하는 과정에서 가족은 기대감에 부푼다. 장소가 먼저 정해질 때가 있고, 날짜가 먼저 정해질 때가 있다. 다른 가족과 함께 가는 경우도 있기에 그에 따른 계획과 준비는 사뭇 달라진다.

장소와 날짜가 정해지고 나면 가족 구성원들끼리 각자 맡아 할 역할을 정한다. 예를 들어 우리 집 여행 시 총무 역할은 둘째 민지가 맡지만, 번갈아 하기도 한다. 식사 메뉴와 준비는 엄마가 주도적으로 맡지만, 협의를 거친다. 차량 정비와 숙소 정하기는 아빠인 내가 맡지만 요즘은 아내가 숙소를 잡는다. 큰딸 민형이는 행사나 놀이를 맡고, 분위기를 잡는 데 한몫한다. 막내 현우는 특유의 과장된 몸짓으로 전체 분위기를 고조시키는 데 큰 몫을 한다.

여행지와 근처 유적지에 대한 정보 검색은 기본인데 일부러 아이들에게 그 역할을 맡긴다. 들뜬 기분으로 놀이 같은 공부를 할 수 있는 기회인 셈이다. 특히 지명과 유적지에 대해서는 꼭 정보를 얻게 하고, 서로가 교환하도록 유도한다. 만일 강진에 있는 다산초당에 들르기로 정했다면 다산초당에 대해서, 정약용의 유배에 관해서, 다산초당 5경은 무엇인지를 미리 알고 실제 그곳에서 찾아보기로 다짐한다. 놀이가 되는 것이다. 실제로 가 보게 되면 고즈넉한 분위기의 다산초당은 아기자기하게 볼 것들이 많음을 알게 된다. 뜻하지 않았던 백련사도 들르게 되고, 동백 숲도 보게 된다. 훗날 직접 가 보았던 다산초당을 떠올리며 정약용과 그의 형님이었던 정약전 그리고 백련사에 기거하던 혜장 선사에 대한 이야기들이 자연스럽게 떠오르게 되는 것이다.

여행 전에는 반드시 예산도 짠다. 끼니 수를 헤아리고, 끼니마다 무엇을 해 먹을지, 사 먹을지, 입장료가 있는지 헤아린다. 100퍼센트 예정대로는 아니어도 반드시 가족이 협의를 거치는 과정이다. 회계를 담당할 작은딸에게 예산을 알려 주고 그 안에서 적자를 내지 않도록 관리를 요청하면 재미있어 할 뿐 아니라 제어 능력까지도 심어 준다. 돈의 흐름을 자연스럽게 알게 하기란 쉬운 일이 아니기 때문이다. 돈이 없어서가 아니라 있어도 잘 쓰는 방법, 자제할 수 있는 경험도 소중한 것이다.

두 번째 즐거움은 만남이다. 계획된 예정대로의 만남과 돌발 변수와의 만남이 그것이다. 계획대로 여행하며 느끼는 즐거움이 있다면 그때그때 변화무쌍하게 생기는 변수에 적응하고 헤쳐 나가는 묘미도 만만치 않다. 여행을 하는 과정은 대부분 즐거운 놀이로 장식된다. 출발과 동시에 차 안에서 놀이를 시작한다. 출발에서 두 번째 즐거움을 만끽하는 것이다. 예정된 행선지를 가더라도 변수는 있게 마련이다. 그때그때 아빠가 어떻게 헤쳐 나가는지, 어떤 결정을 내리는지 아이들은 관심 있게 지켜보게 된다. 대부분은 협의를 통하지만, 리더가 결정해야 할 때가 있음을 안다.

여행 중 느끼게 되는 또 하나의 묘미는 사람과의 만남이다. 단순히 숙박을 한다고 쳐도 주인이 누구냐에 따라 즐거움이 배가 되는 경우가 있다. 차바퀴에 구멍이 나서 다른 사람의 도움을 받을 때도 있다. 사람을 사귀고 배려하는 모습 또한 여행에서 즐길 수 있는 즐거움이다. 뜻하지 않게 생기는 돌발 변수를 어떠한 시각으로 보고 해결하는지를 체험하는 중요한 기회다. 이 모든 것이 변화무쌍한 즐거움과 동시에 아이들에게는 배움의 기회라고 말하고 싶다.

회계는 바쁘다. 편의점에서 물 한 통을 사는 일에서부터 입장표를 끊고 먹거리에 돈을 지불하는 일에 꽤나 신경을 써야 한다. 돈을 관리하고 지출하는 봉사를 하는 대신에 아빠는 여행 말미에 뭔가 깜짝 보상을 마련한다. 여행 경험이 턱없이 부족했을 때와는 달리 이제는 예정한 경로와 예산 대비 80~90퍼센트의 일치를 보고 있다. 나머지는 의도적인 즉흥성과 모험을 위해 남겨 둔다. 생각보다 적게 쓰고 훨씬 재미난 여행을 하는 경우가 점점 많아지고 있다.

마지막 세 번째 즐거움은 사진과 영상을 통해 두고두고 추억을 곱씹는 즐거움이다. 노트북 앨범에는 여행지별로 정리가 잘 되어 있다. 여행 뒤에 가족 카페나 SNS에 포스팅하면서 사진을 정리하는 즐거움은 시간을 조금 확보할 필요가 있다. 가끔씩 소통이 필요할 때 앨범 폴더에 있는 사진과 동영상을 함께 감상하다 보면 어느새 예전 여행지에서의 추억을 곱씹으며 입가에 웃음이 번진다. 이 세 가지 즐거움 가운데 어느 하나의 경중을 가리기가 힘들 정도다.

아이들이 유아기라면 부모가 대부분을 준비해야겠지만, 아이들이 초등학생이 되면서부터는 역할을 주는 편이 유익하다고 본다. 역할뿐만 아니라 장소 섭외가 끝나고 나면 그곳의 정보 탐색도 미리 해서 기대감과 호기심을 증폭시키기도 필수다.

여행에서 돌아오는 길에는 항상 마무리 짓기(wrap up)를 한다. 이번 여행은 어떠했는지, 계획과 실제는 어떻게 달랐는지, 미흡했던 점은 무엇이었는지, 가장 즐겁고 충격적인 사건은 무엇이었는지를 정리하는 것이다. 소감을 정리하는 시간은 가장 유익한 시간 가운데 하나다. 가족 여행을 자주 다니는 가족은 자연스럽게 소통이 잘 되는 가정이다. 계속 이어지는 소통 기회를 가지고 있기 때문이다.

Part.
05
우리
가족 이야기

행복을 부르는
노란 대문

우리 집은 허름한 2층 단독주택이다. 내가 대학생이 되면서부터 살았으니 30년이 되었다. 비록 겨울이면 춥고 여름이면 더워서 아파트에 비하면 불편한 점이 한둘이 아니지만, 그보다 더욱 좋은 장점들이 뜻밖에 많다는 사실을 알기에 아파트에 들어가지 않고 단독주택을 고집하고 있는지도 모르겠다.

이 집은 어머니께서 홀로 아들딸 키우시며 평생 장만하신 유일한 재산이기도 하다. 처음에는 조금 불편한 옛 주택이었지만, 결혼을 계기로 집 전체를 현대식으로 리모델링해서 부엌과 방들을 개조했고, 1층도 두 가구로 쪼개어 한 주택에 네 가구가 살기도 했다. 직장 생활을 하며 모은 돈으로 2층에 놓았던 세를 빼고 아이들 방을 미리 준비하고, 둘째가 태어날 무렵 1층에 있는 한 가구를 어머니 공간으로 할

애했다. 결국 1층에 있는 한 가구만 전세로 남기고 대부분의 공간을 우리 여섯 식구가 쓰고 있다. 결혼 초기에는 아이들이 없었기에 2층 한 공간에서 생활했었고, 어머니는 길 건너 일터(한복집)로 출퇴근을 하셨다.

누가 시키지도 않았건만, 아내는 나이 30에 홀로 되어 두 남매를 키우신 어머니를 극진히 대했다. 점심 식사를 정성 들여 만들어 길 건너 어머니 가게에까지 가져다드렸다. 세월도 변하고 있는 터에 며느리가 매일같이 방금 지어 온 따뜻한 밥과 반찬을 시어머니께 차려 올린다는 자체가 남편으로서 무척 놀랍기도 했고, 그 마음씨가 고맙고 미안하기까지 했다. 왜냐하면 남편인 나로서도 전혀 예상하지 못했던 행동이었기 때문이다. 그 행동은 아이를 낳고도 계속되었고, 동네 사람들의 칭찬이 자자할 정도로 좋은 고부 관계를 유지했다.

어머니, 나와 아내 단 세 식구로 시작한 넉넉하지 못한 살림이었지만, 참으로 행복을 주체할 수 없을 정도였다. 그러다가 첫딸을 낳았고, 이어 연년생으로 둘째 딸을 낳았다. 지금도 가장 잘한 선택 가운데 하나가 1층에 있는 한 가구의 세를 빼서 어머니 공간으로 만들고 길 건너 한복집을 정리한 일이었다. 훨씬 더 가까워지기도 했고, 훨씬 더 편해지기도 했다. 아내는 시어머니께 드릴 밥상을 들고 길 건너까지 가지 않고 2층에서 1층으로만 내려 드리면 되었고, 어머니 또한 아들 내외가 쓰는 공간과 분리되어 당신만의 공간에 친구분들과 시간도 보내고, 일도 계속 하실 수 있었다. 더군다나 보고 싶은 손주들을 날마다 볼 수 있다는 점도 한몫했다. 나이 드신 어머니께서 가족과 함께하면서도 당신만의 독립된 공간을 확보할 수 있다는 사실은 무척 의미 있는 일이다.

첫딸 민형이가 다섯 살이 되던 2002년 봄, 유치원을 다녀온 아이가 나에게 한 가지 제안을 했다.

"아빠, 우리 집도 유치원처럼 노란색으로 대문을 칠해요."

"누가 집 대문을 노란색으로 칠해. 노란 대문 보면 사람들이 웃어!"

아내와 나는 말도 안 된다는 듯 아이가 하는 말을 흘려 넘겼다. 하지만 다음 날에도 민형이는 똑같은 말을 했고, 나는 다시금 생각해 보았다. 고정관념이 아닐까? 노란 대문이 안 될 이유가 무언가? 이때가 난생 처음으로 자녀의 눈높이에서 입장을 바꿔 생각해 보게 된 특별한 날이었다. 그 뒤 나는 나만이 할 수 있는 모험적이고 탐색적인 선택을 자주 하게 되었다.

"까짓것 대문을 노란색으로 못 칠할 법도 없지! 안 될 이유가 없잖아. 민형이한테 안 되는 이유를 설명하기가 너무 궁색해."

내 말에 아내는 말도 안 된다는 눈치였지만, 하면 한다는 남편의 낌새가 아무래도 미심쩍은지 불안감을 내비쳤다.

"당신 설마 진짜 노란색 페인트로 칠하려는 건 아니지?"

나는 아내의 그 말에 오히려 더욱 힘을 얻었다.

"아니 못할 게 뭐가 있어? 우리 집 대문을 우리가 노란색으로 칠한다는데!"

지금으로부터 13년 전이었고, 동네 어디를 찾아봐도 노란색이나 밝은 색 대문은 단 한 군데도 없었던 시절이었다. 이때부터 재미있는 일이 벌어지기 시작했다. 일단 아내가 쌍수를 들고 적극적인 반대를 했다.

"애가 지나가다 한마디 한 걸 가지고 뭘 그렇게 진지하게 고민해?"

아내는 말도 안 되는 짓일랑 시작도 하지 말라고 강력히 말했다. 나는 우리 아이와 아빠와의 추억을 운운해 가며 아내를 설득시켰고, 그 다음 주 토요일에 동네 페인트 가게로 페인트를 사러 갔다.

"저, 노란색 페인트 있어요?"라는 내 물음에 페인트 가게 주인은 "어디다 쓰시게요?"라며 물어 왔다.

"집 대문을 칠하려고요."

"어린이집 해요?"

"아닌데요. 그냥 단독주택인데요. 지금 남색 철대문인데 노란색으로 환하게 바꾸려고요!"

주인 아저씨는 내가 이상한 듯 쏘아붙였다.

"철대문을 누가 노란색 페인트로 칠해요? 남색이나 진한 회색 드릴게요."

마음을 굳게 먹고 갔지만, 그 말이 맞는가 하는 의구심이 순간 나를 사로잡았다. 하지만 이왕 칼을 뽑은 김에 딸아이의 첫 희망 사항을 거기서 멈출 수는 없었다.

"그냥 노란색 주세요. 페인트칠할 수 있게 섞어 주실래요?"

주인 아저씨는 "아니 대문을 누가⋯⋯."라고 하면서 혀를 끌끌 찼다. 살짝 기분도 안 좋아지고 잘못하고 있지는 않은지 하는 생각이 다시금 스멀스멀 고개를 내밀었다. 알고 보면 별것 아닌 사안이었지만 내가 너무 소심한 것은 아닌지, 거꾸로 내가 너무 무모한 것은 아닌지 머릿속에서는 별생각이 다 들었다. 아무튼 따가운 주인의 시선을 의식하며 페인트를 사서 총총걸음으로 그곳을 빠져나왔다. 모두가 반대를 하니 뭔가 잘못되지는 않았나 하는 생각이 집으로 오는 내내 나를 괴롭혔다. 그러면서 동시에 피식피식 웃음도 나오기 시작했다.

그렇게 화창한 일요일을 맞았고, 온 가족이 아침부터 부산을 떨며 대문을 분해해 철대문에 있는 녹을 제거하고 페인트칠을 시작했다. 네 식구가 각각 한 개씩 붓을 들고 노란색 페인트를 칠하는 순간 '아! 이거 아니다.' 싶은 생각이 강하게 뇌리를 스쳤다. 지나가는 사람들은 뭔 일 났나 싶어 대문을 활짝 열어 놓은 우리 집을 들여다보았고, "대문을 노란색으로 칠하나 봐."라고 하며 어이없다는 듯 한마디씩 하고 지나갔다.

이미 엎질러진 물이기는 하지만 다시 되돌리고 싶다는 생각이 강력하게 들었다. 창피하기까지 했다. 하지만 상황이란 참으로 묘하다. 서너 시간이 흘러 한 번 칠하고, 다시 한 번 노란색을 덧입히고 나니 화사하고 밝디 밝은 노란색 대문이 탄생했다. 두 딸은 신나서 펄쩍펄쩍 뛰며 즐거워했고, 내 복잡한 마음도 눈 녹듯 사라졌다.

우리 집 대문은 동네의 아이콘이 되었다. 그날 아내가 내 귀에 대고 말했던 한 마디를 나는 한순간도 잊은 적이 없다.

"여보, 나 너무 행복해!"

그때부터 10년 가까이를 그렇게 노란 대문 안에서 소소한 부부 싸움도 해 가며 참 알콩달콩 행복하게 살았다. 집을 드나들 때마다 뭔지 모를 행복한 느낌 속으로 들어가는 듯했다. 가끔 먹는 배달 음식을 주문할 때에도 노란 대문 집으로 통했고, 심지어 우편 발송도 노란 대문이라고 하면 배달 사고란 있을 수 없는 일이 되었다. 사람들은 노란 대문 집을 기준으로 길을 설명하기도 했다.

이때부터 큰딸 민형이는 노란색을 자기만의 색으로 여기고 있고, 작은딸은 분홍색을 자기 색으로 여기다가 10년이 지난 2012년 우리는 그때보다 한결 쉽게 노란색 대문을 작은딸의 색인 분홍빛으로 다시 칠했다. 이때에는 아예 집 안의 도배와 방문들까지도 전부 파스텔톤 분홍색으로 바꿔 한층 아늑하고 따뜻한 실내 분위기를 연출하고 있다. 이제 몇 년이 지나 분홍색이 지겨워지면 우리는 아마도 막내아들이 자기 색이라 주장하는 하늘색을 칠할지도 모른다.

이 노란 대문 사건을 계기로 강렬하게 느꼈던 점은 지나치게 남의 시선을 의식하지 말자는 것이었다. 누군가가 만들어 놓은 규칙과 제도와 유행이라는 분위기가 있겠지만, 내 상황은 사뭇 다를 수 있기 때문이다. 아마도 나는 이때부터 과감하고도 모험적인 인생 선택을 하기 시작했다고 해도 과언이 아니다.

만약 아파트에 살았다면 우리 집 세 아이는 천방지축으로 뛰어놀지는 못했을 것이다. 대문 색깔을 바꾸지도 못했을 뿐더러 복층 아파트를 구입하지 않는 이상 어머니와 층이 다른 공간을 사용함으로써 서로의 사생활 공간을 확보하지 못했을지도 모른다. 아마도 고부 간 갈등이 극에 달했을지도 모를 일이다. 한 뼘밖에 안 되는 마당이지만 그 공간에서 가족과 함께 바비큐도 해 먹고, 여름이면 돗자리를 깔고 누워 몇 개 안 보이는 별을 세기도 하며, 아이들과 물놀이를 하기도 한다. 마당에 자라는 화초들 물을 주는 일도 아이들에게는 놀이 겸 교육이 되고 고추, 상추 같은 채소를 심어 따 먹는 재미도 만끽했다. 단골 가족 운동 메뉴인 줄넘기를 하면서 심신을 단련하기도 했다. 아파트가 편리하고 사생활이 보장된다는 장점이 있기는 하지만, 우리가 사는 단독주택에서도 그 못지않은 장점들을 최대한 살려 살아가고 있다. 지금 가지고 있는 것에 감사하고, 보유하고 있는 것들의 좋은 점을 찾아내어 십분 활용하면서 자그마한 행복이 묻어나곤 한다.

얼마 전 공원에 있는 가건물을 그림으로 칠하는 봉사 활동을 하고 난 뒤 집에 와서 아내에게 우리 집 담벼락을 전부 그림으로 칠하고 싶다는 욕망을 드러냈다가 한참 동안 즐거운 입씨름을 한 적이 있었다. 아마도 나는 밑그림을 그려 줄 누군가를 섭외하고 어느 정도 윤곽이 잡히면 가족회의 안건으로 올리게 되지 않을까 싶다. 왜냐하면 우리 가족 모두 즐겁고 유쾌하게 할 수 있는 일이니까.

우리 집
잔소리 탈출법

"게임 좀 제발 그만해라."

"하루 종일 텔레비전만 보고 있을래?"

"넌 이렇게 지저분한 걸 보면서 어쩨 치울 줄을 모르니?"

"넌 하루 종일 스마트폰만 보면서 공부는 언제 할래?"

학교 성적은 떨어지고 공부는 안 하는 자녀들을 보면서 속이 타들어 가는 엄마들의 잔소리 목록이다. 엄마 시각으로 볼 때 할 일과 공부가 태산일 텐데 스마트폰만 손에 쥐고 낄낄대며 웃는 자녀의 모습을 보면서 평화로움을 찾을 수 있겠는가? '친구 아들(엄친아)은 학교에서 손가락 안에 든다고 하던데.'라고 생각해 가며 자녀의 미래를 확대해 생각해 본다. 걱정을 모아 모아서 걱정 그림을 머릿속에 그리고 있는 것이다.

예부터 두려움과 걱정은 가불하지 말라고 했다. 결론부터 이야기하자면, 잔소리는 필요 없다. 역효과일 뿐이다. 아이들과 항상 부대끼며 사는 주부 입장에서 보면 우선순위를 가릴 줄 모르는 자녀의 행동 방식과 해야 할 일들은 손 놓고 전혀 중요하지 않은 일들에 몰두하는 행동 습관 때문에 속이 썩어 문드러진다. 그런데 아이는 중학생만 되면 대들고 치받고 입을 닫고 방문을 걸어 잠가 버리기까지 한다. 부모들마다 속이 터지고 울화가 치민다고들 한다.

바꿔 보자!

잔소리 과정을 바꾸면 어떤 일이 벌어질까? 부모가 일단 가져야 할 마음가짐은 내 자식을 남의 자식처럼 보기다. 어차피 내 자식이니 사랑하는 마음은 그대로 두고 시각을 돌려 옆집 아이를 보듯 하는 것이다.

남의 자식을 대할 때 우리는 기본적으로 잘못된 점을 찾지 않는다. 그 행동거지에서 칭찬할 점을 찾으면 직접적이든 간접적이든 이를 꼭 표현한다. "그 집 아이는 어른만 보면 인사를 잘하더라. 한두 번이 아니야. 하루에 세 번 보면 세 번 인사를 하더라고." 하는 식이 된다.

또 한 가지는 나랑은 상관없으니 안 좋은 모습을 보더라도 굳이 야단칠 필요를 느끼지 못한다. 그냥 보고 넘어가든지, 매우 상냥한 말이나 행동으로 점잖게 타이르든지, 상대가 느낄 수 있는 비유적인 표현이나 강렬한 짧은 말로 알아듣도록 전달한다.

남의 아이에 대해서는 이렇게 '착하고도 침착한 묘한 습성'이 우리에게는 있다. 우리 자녀가 부모 마음에 안 드는 행동을 했다손 치더라도 마치 옆집 아이를 대하듯 한다면 일단 자녀와의 불편한 충돌이나 과장된 화풀이는 피할 수 있다. 이것이 첫 번째로 부모가 지켜야 할 수칙이다. 침착함을 잃어 화를 못 참고 벌어지는 불협화음이 꼬리에 꼬리를 무는 말싸움으로 번지고 감정의 골이 깊어지는 경우가 아마도 가족 사이의 싸움에서 절반을 넘을 것이다. 그러니 침착함을 유지하기 위해서라도 남의 집 자식처럼 내 자녀를 보자는 역설적인 지침을 인지할 필요가 있다. 어차피 그 자리에서 화풀이 삼아 따발총을 쏘아 봤자 얻기는커녕 잃기만 할 뿐이기 때문이다.

두 번째로는 치고 빠지기다. 현장에서 타이밍을 맞춰 함축적인 말로 잘못된 행동임을 간단하게 일러 주되 그 탓은 자녀에게 두지 않는 것이다. 그러고는 나중을 기약하는 것이다.

"지금 네 행동은 이치에 맞지 않는 것 같은데, 엄마가 생각 좀 해 봐야겠어. 무엇이 잘못되었는지 말이다. 생각 좀 해 보고 가족회의에서 모두가 공유해야겠어."라는 식으로 말하는 것이다.

아니면 흔한 '나 전달법'을 써먹어야 할 때가 바로 이때다. 침착한 상태에서 "지금 네가 스마트폰을 두 시간째 하고 있으니까 엄마는 네가 공부할 시간을 많이 뺏길까 봐 불안해서 마음이 불편하단다."라고 말하는 것이다. 그러고는 자녀가 하는 이야기를 들어 주어야 한다. 입을 닫아 버리면 할 수 없지만, 냉정하게 자녀에게 변론을 할 시간을 준다면 공정과 공평이라는 잣대로 아이들 뇌리에 오래 남게 된다.

엄마들이 하는 착각 가운데 한 가지가 바로 자신의 눈높이로 자녀들을 바라보는 것이다. 40대의 경험과 시각으로 10대 자녀를 바라보며 엄마가 생각한 대로 해야 한다는 식의 잔소리가 과연 먹힐까? 먹힌다면 그것이 오히려 이상한 일은 아닐까? 자녀들이 한 번이라도 스스로 생각해 볼 수 있는 계기를 제공함은 기나긴 양육 과정에서 필수적인 요소다.

그리고 세 번째로는 기록하기다. 바로 뒤돌아서 수첩에든 스마트 폰에든 메모를 하는 것이다. 언제 누가 이런 상황에서 이런 행동을 했는지를 적고 자신의 심정을 간단히 메모해 놓는다. 자녀가 마음에 안 드는 과정이 생겨 잔소리를 하고 싶은 때가 생기면 가장 먼저 스마트폰을 꺼내 녹음을 하는 방법도 한 가지가 될 수 있다. 자신과 자녀의 일촉즉발 잔소리 현장을 다시금 들어 봄으로써 엄마는 자신의 과오를 되새길 수 있고, 자녀가 잘못되었다고 보는 상황이 객관적이고 상식적이었는지, 자녀 입장을 고려했는지, 동대문에서 뺨 맞고 남대문에서 뿜어내는 화풀이는 아니었는지를 스스로 느낄 수 있게 된다.

이러한 과정을 단 일주일만 마음먹고 해 본다면 많은 부분이 달라질 것이다. 일단 아이들과 소통을 할 수 있는 자그마한 채널이 생길 것이다. 아이들은 엄마가 달라졌다고 생각할 것이다. 적어도 엄마가 자신에게 변명을 할 기회는 준다고 생각할 것이다. 엄마도 자기 과오를 인정할 줄 안다고 놀라워할 것이다.

마지막으로는 되새기는 것이다. 일명 피드백 또는 후속 조치가 그 것이다. 가족회의를 통하든, 맛난 음식을 사 주면서 이야기를 꺼내든 전혀 다른 평화로운 분위기에서 마음이 열려 있음을 감지했을 때 지난번 사건을 끄집어내어 "엄마가 깎아 주는 이 사과는 지난주 엄마가 밑도 끝도 없이 너한테 화풀이한 데 대한 사과야."라고 하면서 진심과 너스레가 섞여 있는 말을 건네는 것이다. 먼저 사과하는 사람에게 또 다시 침을 뱉을 사람은 이 세상천지 어디에도 없다. 조금이라도 누그러뜨리거나 자기반성을 해 보게끔 하는 신기한 발언이기도 하다. "뭘 새삼스럽게. 그래서 그때 10분만 더 하고 공부했어요. 걱정 마셔요."
라는 대답이 나올 것이다.

우리 자녀뿐 아니라 모든 부모도 마찬가지다. 자신이 믿고 이해받
을 수 있는 사람에게만 속마음을 터놓는다는 사실. 믿음은 소통과 비
례한다. 그럼 우리 자녀에게 믿고 이해받을 수 있는 사람이란 누구일
까? 친구다! 친한 친구라면 허물없이 자신의 속마음과 고민, 성적과
약점까지도 풀어헤쳐 고민을 나누며 위안과 공감을 받고 위로와 격려
도 받는다. 그러고는 더욱 가까워진다. 예전 부모와는 사뭇 다른 부모
가 되어야 할 명분이 여기에 있다. 이제는 부모가 자녀들과 친구가 되
어야 한다. 친구 같은 아빠를 프렌디(friendy)라고 유행어처럼 쓰기도
한다. 이왕 친구가 될 것이라면 아주 친한 친구가 되어야 한다. 그때
비로소 자녀와의 소통 채널이 시원하게 뚫리게 되는 것이다.

그다음 단계가 바로 교육인 것이다. 믿을 수 있는 사람이 하는 이야
기는 귀에 쏙쏙 들어오게 되어 있다. 물론 이때에도 화풀이나 내 욕심
을 채우지 말고 자녀의 눈높이에서 이야기함은 당연히 기본이다. 믿음
을 쌓아 소통할 수 있는 문이 열리고 나면 멘토 역할이 자연스럽게 이
루어진다. 이때에는 잔소리가 아니다. 잔소리하는 멘토를 본 적이 있는
가? 잔소리를 조언과 가르침의 단계로 한 차원 수준을 높이는 것이다.

자녀가 고충과 문제를 가지고 부모를 찾아왔을 때 당신은 어떻게
하겠는가? 이는 이미 부모를 믿는다는 뜻이므로 어설픈 충고가 아닌
자녀 입장을 심각하게 고려하고 사안에 대해 깊고, 넓고, 멀리 보는
멘토가 되어 강렬하고 감동적인 조언들을 자녀에게 해 주도록 노력해
야 한다.

Chapter. 3

남자의 경쟁력!
부부 싸움

"부부 싸움은 칼로 물 베기~♬ 부부 싸움은 칼로 물 베기~♬"

우리 부부가 언성이 조금 높아지면 막내 현우가 우리 앞에서 우스꽝스러운 자세를 취하며 부르는 노랫말이다. 지혜로운 막내 때문에 우리 부부는 실소를 터트리고 만다. 어린 막내가 부르는 노랫가락에 담은 그 반복된 한 마디가 부부 사이에 감도는 싸늘한 분위기를 조금은 가볍게 만들어 준다. "엄마 아빠가 싸우는 거 아냐. 의견을 나누는 거야."라고 둘러대지만 알 것 다 아는 아이들에게 통할 리가 없다. 막내의 이 작은 행동 하나가 부부의 언쟁에 잠시 휴전과도 같은 간극을 제공한다. 싸움 시작 단계라면 아이들이 없는 때를 기다리다 유야무야 잊기도 한다. 잠깐 참는 그 순간이 부부 싸움이 커지는 위기를 잠재워 버리는 소화기 같은 역할을 한다.

한 이불을 덮은 지 18년이 흘러서도 우리는 부부 싸움을 자주 하는 편이다. 그렇다고 부부 싸움 예찬론자까지는 아니지만, 부부 싸움은 서로 공감대를 늘려 나가고 이해의 폭을 넓히는 데 필수 불가결한 과정이다. 사실 그렇게라도 생각하지 않으면 부부 싸움을 좀 더 발전적인 부부관계로 만들어 가기 힘들다. 만난 지 단 6개월 만에 결혼에 골인한 우리 부부는 4~5년을 알콩달콩 아무런 불협화음 없이 살았던 듯하다. 서로를 무척 예뻐했고 위해 주었으며 배려할 수 있는 환상적인 시간이었다. 아내도 며느리 역할이나 부인 역할에 빈틈이 없었고, 첫딸의 엄마 역할까지도 완벽히 했기 때문이었다고 생각한다. 물론 나 또한 남편 역할에서 미흡함이 별로 티가 나지 않았다.

하지만 둘째가 태어나면서 상황은 조금씩 달라지기 시작했다. 아내가 양육과 살림에 쏟아야 할 노동량은 조금씩 늘어나기 시작했다. 세 아이 키우고 홀어머니 모시며 살아가는 한 집안 살림에서 부부 역할은 늘어나면 늘었지 좀처럼 줄어들지 않았다. 아이가 유치원이나 초등학교에 들어가면 학부모라는 새로운 공동체가 생기고, 그곳을 통해 새롭고 엉뚱한 정보들이 여과 없이 밀려왔다.

어쩌면 서로 간의 역할 분담이나 재정립 기회가 자주 찾아와야 정상이라고 볼 수 있을 것이다. 회사 같은 경우 외부 환경과 내부 상황에 따라 조직 변경이나 개편을 하게 되고, 그에 따른 보직 발령도 이어진다. 하지만 가정이라는 조직은 회사만큼 역할을 재정립할 기회가 없다. 해야 하는 의무는 늘어나도 일의 양이 줄어들지는 않는다. 게다가 시어머니와 함께 살고 있다는 사실 자체만으로 아내의 주위에서는 책임질 수 없는 충고와 조언들을 해 아내가 아무렇지 않을 때조차도 뭔가 피해의식 있는 사람으로 만들어 버리는 경우도 이따금씩 있었다.

반대로 가정경제의 마지막 보루로서 책임을 지고 있는 남편은 나름대로 현실에 충실히 적응해 가면서 가족의 미래에 대한 부담과 준비를 해야 하는 중차대한 입장에 놓인다. 거기다가 자신의 미래에 대한 욕망 또한 꿈틀거리다 보면 한정된 24시간을 합리적이고 효과적으로 사용한다고 해도 어느 정도 역할에 대한 재배치나 재해석이 되지 않으면 부부 싸움은 불을 보듯 뻔하게 일어나는 일이다. 그러니 결혼 뒤 20여 년쯤은 양육과 살림이라는 거대한 과업을 공유하며 좌충우돌하기가 당연하기도 하다. 거슬러 올라가 보면 신혼 3~4년 동안은 각자 살아온 생활 방식과 성향이 달랐는데도 서로가 정말로 좋은 나머지 자신만의 방식과 습성을 잠재우고 가정이라는 테두리를 가장 위에 놓고 개인의 욕망이나 미래는 뒤로 미뤘기에 평화로웠던 시기였다. 그러니 부부 싸움은 가정 안에서의 조직 변경과 역할 재분담, 재해석의 기회로 삼음이 맞을 것이다.

속마음을 털어놓고 적나라한 건의 사항을 주워 담는 기회의 시간으로 부부 싸움의 프레임을 바꿔 본다면 어떨까? 감정이 섞여 있어서 그렇지, 사실 부부 싸움에서 쏟아져 나오는 불만은 서로에게 매우 의미 있는 힌트가 된다. 남자인 경우 고정관념을 탈피해 부부 싸움을 효과적으로 활용하면 무한 경쟁력이 생긴다. 아내의 눈을 통해 미처 몰랐던 자기 자신을 깨닫고 단점을 고치는 계기가 될 수 있는 것이다.

부부 싸움에서 쏟아져 나오는 아내의 고충은 너무 많은 역할 때문에 생기는 과중한 스트레스에 대한 것이다. 살림과 양육을 떠안은 주부라는 역할은 흔히 알고 있듯이 요리사, 가정부, 간호사, 선생님, 코치, 감독, 기술자, 멘토, 때로는 판사 역할까지도 해야 한다. 아이들이 자라면서 역할 범위가 늘어날 뿐 아니라 강약 조절도 필요해진다. 날로 늘어나는 양육과 살림이라는 업무량이 왜 전부 아내 몫이란 말인가? 아니다. 부부 몫인 것이다.

둘째 아이 민지를 낳고 육아와 살림에 힘들어하는 아내의 고충을 모른 채 세월을 보낸 적이 있었다. 그저 밖에서 돈을 벌어다 주면 그것으로 전부인 양 생각했다. 그즈음에 한바탕 아내가 폭발했다. 집에 늦게 들어오는 모든 핑계가 전부 일 때문이라는 내 말에 설득력이 약하다는 사실이 감지되었던 것이다. 아내가 폭발하지 않았다면 나는 아직도 아내의 힘들고 괴로운 면을 보려고도, 인정하려고도 하지 않았을 것이다. 그만큼 둔하디 둔한 존재가 남자인 듯하다.

양육과 살림살이를 아내만의 당연한 역할로 보는 고정관념을 탈피하기란 여간 힘든 일이 아니다. 어떤 계기를 만나지 않는 이상 변하지 않는 것이다. 내 영역과 역할에 한계를 그어 놓으면 그것만 보였다. 어느 날 예상하지 못했던 아내의 폭발은 나 스스로를 되돌아보게 했고, 그 뒤 나는 작은 한 가지를 실천하게 되었다. 바로 설거지였다.

알고 보면 쉽고도 유익한 일이 설거지였지만, 남자가 부엌에 들어가면 안 된다는 고정관념을 부수고 가정 안에서 자유와 군림의 시간 일부를 던져 버리기란 매우 힘든 일이었다. 설거지가 어려워서가 아니라 고정관념을 뛰어넘기가 어려웠다. 두 번 다시 아내의 짜증을 듣고 싶지 않아 하게 된 설거지! 그 뒤 많은 것이 바뀌었고, 가정 안에서 남자가 해야 할 일에 눈을 뜨게 된 계기가 되었다.

당시 구체적으로 어떤 말들이 오갔는지 기억이 잘 나지는 않지만,

집에만 오면 손 놓고 대접만 받으려는 나에 대해 아내가 가차없이 쏘아붙였던 기억이 있다. 부드럽게 이야기하던 때와는 사뭇 다른, 보기 드문 강도로 나를 질타했다. 하지만 무척 예의를 갖추었고, 격식을 차렸으며, 아이들도 배려했다. 지금은 전형적인 대한민국 아줌마가 되어 버린 아내에게 가끔은 그 신혼 시절의 아름답고 품위 넘치는 잔소리가 그리워지기도 한다. 부부 싸움이 잦은 사람들에게 권하고 싶은 딱 한 가지 방법이 있다. 부부 싸움 피드백이다. 사후 약방문(死後藥方文)으로 보일 수도 있지만, 다음 라운드를 지혜롭게 준비하고 똑같은 주제로 부부 싸움 하는 일을 방지할 수 있는 방법이기도 하다. 부부 싸움 단 한 번으로 헤어지는 사람은 없다. 그러니 부부 싸움에서 개선할 점을 실천하고, 다음 라운드의 부부 싸움을 준비하는 현명함이 필요하다.

만약 오늘 부부 싸움을 크게 했다면, 아내의 입에서 나온 이야기들을 정리해서 메모해 둔다. 그 안에 수많은 힌트가 있다. 나는 부부 싸움이 시작되면 주로 스마트폰에 녹음을 한다. 다시 들어 보면 정말 가관이다. 유치찬란함의 정수다. 답답할 때도 있고, 부끄러울 때도 있다. 그 녹음 가운데에서 한두 가지 중요한 요소를 골라내고, 이를 개선하기 위한 실천 가능한 아이디어를 떠올린다. 그다음은 실천이다.

이러한 과정을 반복해서 하다 보면 뭔가 한 가지씩 나아지게 되어 있다. 예를 들어 남자가 형광등을 못 갈아서 안 하는 것이 아니다. 얼마든지, 언제든지 할 수 있다. 만약 부부 싸움에서 나왔던 주제라면 이 부부 싸움 피드백을 통해 말없이 실천하는 모습을 보여 주는 것이다. 중요한 점은 부부 싸움 중 했던 아내의 말에는 그간 쌓여 있던 섭섭함이나 평소 표현하지 못했던 남편의 문제점들을 홧김에 내뱉는 경우가 있다. 잘 분석해서 바꿀 수 없는 자신만의 고유한 스타일이라면 아내를 설득할 방법을 찾고, 그렇지 않고 개선할 수 있는 사안이라면 얼마든지 알게 모르게 후속 조치를 함으로써 개선할 수가 있는 것이다. 그러고는 잊어먹을 만할 때쯤 분위기 좋은 커피숍에서 부드러운 말로 부부 싸움에 대한 후속 조치를 어떻게 했는지 개선 여부를 알려 주는 것이다.

정기 가족회의를 통해서 언급을 해 주고 나면 아이들에게도 매우 긍정적인 영향을 줄 수 있다. 부부 싸움 피드백을 부부 싸움과 한 세트로 묶어서 생각하는 새로운 프레임으로 받아들인다면 일일신우일신(日日新又日新)하게 된다. 부부 싸움을 할 때마다 뭐든 한 가지씩은 배우고 익히거나 실천하게 되어 있으니 말이다. 우스갯소리로 아내의 요구는 끝도 없기 때문에 이러한 부부 싸움 피드백과 후속 조치를 반복하다 보면 남편의 경쟁력은 하늘 높은 줄 모르고 치솟게 될 것이다.

어느 라디오 방송에서 나온 실제 사연이 시사하는 바가 크다. 어느 날 새벽에 한 남자가 아파트 입구 화단에 쓰러져 자고 있는 모습을 본 경비 아저씨가 불안한 나머지 방송을 했다. "○○○동 앞 화단에 남자 분이 술 취해 주무시고 계십니다. 아직 집에 안 들어오신 남편이 있는 집은 서둘러 내려와서 남편을 모시고 가세요."

그러자 열 명에 가까운 부인들이 잠옷 바람으로 나왔다는 이야기다. 외박을 하고 새벽까지 고주망태가 되어 돌아온 남편이 같은 동에 하루에도 여러 명 있었다는 사실도 재미나고, 당연히 자기 남편이리라 생각하고 여러 명의 아내가 내려왔다는 것 또한 웃을 수만은 없는 현실이다. 남편들이여, 이제 가정을 지키자!

Chapter. 4

없어도 존재하는
아버지

사람들은 보이는 것에 집중한다. 보여야 믿을 수 있기 때문이다. 공부를 할 때에도, 설명을 할 때에도, 뭔가를 팔 때에도, 가르칠 때에도, 누군가에게 무언가를 설득할 때에도 언제나 시각적인 위력은 분명히 존재한다. 눈으로 받아들이는 정보는 귀로 듣거나 피부나 냄새로 느끼는 정보들보다 훨씬 강하게 각인되기 마련이다. 눈으로 봄으로써 우리 뇌는 정보를 좀 더 확실히 믿게 된다. 시각 정보야말로 오감으로 느끼는 정보 가운데 가장 으뜸인 셈이다. 누구라도 그러할 것이다. 보이는 것은 분명코 믿음에 큰 몫을 하기에 충분하다.

하지만 이 세상에는 보이지 않아도 존재하는 것들이 얼마나 많은가? 보이는 것만을 추구하다 보면 보이지 않는 훨씬 많은 것을 놓치는 경우가 있다.

내게는 아버지가 잠깐 계셨었다. 단 3개월! 태어나자마자 단 3개월 만에 갑자기 세상을 뜨셨다.

그러나 내가 50년 가까이를 살아오면서 아버지란 존재를 잊어 본 적은 별로 없었다. 특히 제사를 모실 때에는 더더욱 그랬다. 때로는 대화도 했었고, 의지도 했었다. 편지를 써 본 적도 있었고, 함께라고 생각하며 울어 본 적도 있었다. 존재하지 않는 아버지, 만난 기억조차 없는 아버지와 대화를 하고 울음을 쏟고 편지까지 써 본 이 행위들이 가능했던 데에는 그럴 만한 이유가 있었다. 내가 자랄 때 어머니는 늘 아버지 이야기를 해 주셨다. 비록 몇 년밖에는 같이 살지 못하셨지만, 누나를 낳고 4년 뒤 나를 낳은 다음 단 3개월 만에 남편이 세상을 떠났으니 그 슬픔과 황망함을 무엇으로 표현할 수 있겠는가.

하지만 세상 어머니들이 그렇듯이 내 어머니 또한 강인하셨다. 한 집안의 가장으로서 세 아이를 낳고 20년 가까운 결혼 생활을 하다 보니 살면서 닥치는 고비마다 어머니가 얼마나 어려움을 겪으셨을지 짐작할 수 있게 되었다. 나라 전체적으로 가난했던 시절에 남편마저 일찍 여의고 아이 둘을 키우며 홀로 살아가기란 결코 호락호락하지 않았을 것이다. 어머니는 남편과 함께했던 짧지만 즐거운 시간들을 평생 잊지 않으셨고, 그 기억을 내게 마치 드라마를 설명해 주듯 말로 전해 주셨다.

"너희 아빠는 회사 끝나면 그림 그리셔야 한다면서 다른 데 일체 들르지 않고 집으로 곧장 오셨다. 마치 시계처럼 말이다. 그러고는 집에 오면서부터 내게 장난을 치기 시작하셨다. 어떤 날은 시장 갔다 들어오면 내 치마를 장롱에서 꺼내 머리에 쓰고는 깜짝 놀래 주며 마치 어린아이처럼 나를 웃기곤 했단다. 얼마나 자상하고 가정적인 사람이었는지 모른다. 나를 얼마나 사랑했는지 지금도 밤이면 늘 곁에 있는 것 같단다."

어머니는 아버지에 대한 일화를 수백 번에 걸쳐 마치 〈사랑과 영혼(Ghost)〉이라는 영화를 방불케 하듯 말씀해 주시곤 했다. 월세를 전전할 때 집을 빼 줘야 하는 상황에서 일주일 전까지 집을 못 구하다가 아버지가 꿈에 나타나셔서 끌고 간 곳이 바로 우리가 지금까지 살고 있는 집이라는 말씀도 있었다. 아버지가 꿈속에서 도움을 주신 횟수가 수차례에 이른다. 어머니께서 한창 밤새워 일하실 때, 당시에는 정전이 많아서 촛불을 흔히 썼는데 그날도 정전이 되어 촛불을 재봉틀 위에 켜 놓고 잠깐 조는 사이 꿈에 아버지가 누나 이름을 부르며 대문이 부서져라 두드리는 꿈도 꾸셨단다. 하도 시끄럽게 문을 두드려서 깨고 보니 초가 다 타 버려 옆에 있던 옷감에 불이 번지기 시작했다는 것이다. 집을 태우기 일보 직전에서 돌아가신 아버지 도움을 받았다고 하는 이 이야기는 어찌나 생동감이 넘쳤는지 모른다.

어머니가 들려주신 이야기들은 내 뇌리에 지워지지 않는 영상으로 남아 있다. 그 어떤 옛날이야기보다 생동감이 넘쳤다. 마치 아버지가 잠시 외출 나간 사이에 아버지에 대한 이야기를 듣는 듯한 느낌을 받을 정도였으니 말이다. 거짓말을 모르시는 어머니가 늘 밥 먹듯이 하시던 아버지 이야기가 내게는 보이지 않는 유산이 되었다. 아내를 사랑하고 가정적이며 자상한 모습은 내게 유일한 아버지상으로 남아 있다.

내가 직접 아버지라는 존재를 피부로 느꼈던 적은 딱 한 번 있었다.

철없이 어머니 속만 썩이며 학창 시절을 보냈고, 어찌어찌 대학에 들어가 놀기 바쁘게 시간을 보내다가 4학년이 되어서야 조금 철이 들기 시작했던 것 같다. 그림을 그리고자 했던 분명한 꿈이 있었던 아버지를 떠올린 때도 그즈음이었다.

그동안 관리되지 않고 있던 아버지의 유작 몇 점을 표구해 달라고 친한 후배에게 부탁해서 표구된 세 작품을 방과 거실에 보기 좋게 걸어 놓았다. 물론 어머니는 흐뭇해하셨고, 눈가에 이슬이 맺히며 흐느끼기도 하셨다. 나도 난생 처음 효도를 한 듯한 뿌듯한 감정이 솟구쳤다. 며칠 지나지 않아 아버지 기일이 돌아왔다. 친척들과 가족들이 함께한 가운데 제사를 모시고 지방을 태울 차례였다. 평소처럼 창문과 방문은 닫혀 있었고, 제주인 내가 지방을 들어 올려 촛불에 불을 붙이고 위로 올려 보냈다. 수없이 지내 본 제사였지만, 갑자기 놀라지 않을 수 없었다. 불붙은 지방이 천장으로 올라가야 하는데도 내 가슴에 자꾸 와서 달라붙는 것이었다. 이 광경을 제사에 참가한 모든 사람이 보면서 "왜 그러지?"를 연발했다. 그때 어머니 반응이 놀라웠다. 어머니는 고개를 끄덕이시며 "이제 아들을 믿으실 수 있는가 보구나."라고 뜬금없는 말씀을 하셨다.

지방은 다 탈 때까지 내 가슴 언저리에 붙어 있었고, 불붙을까 두려워 떼어 내려는 내 손과 마주치며 계속 타 들어갔다. 완전히 까만 재가 될 때까지…….

너무 뜻밖의 일이라 제사를 마친 뒤에도 불붙은 지방이 내 가슴에 머물렀던 장면이 계속 생각났다. 식사를 하는 친척들에게도 화젯거리가 되었다. 어머니는 제사가 끝나고 손님들을 다 보내신 뒤에 나를 앞에 두고 조용히 말씀하셨다.

"이제 너희 아빠가 느끼기에 아들이 믿음직스러운가 보구나."

그 뒤 거의 매주 어머니 꿈속에 나오던 아버지는 더 이상 모습을 나타내지 않으셨다. 지금도 가끔 여쭤 보면 제삿날 이후 아버지를 꿈에서 만난 적이 없다고 하신다. '아버지 영혼에게서 받은 인정'은 나를 철부지가 아닌 가장으로서 막중한 책임감을 느끼게 만들었다. 그동안 자신감 없고 별것 아닌 그저 그런 인생이라고 생각해 왔던 내 삶에 커다란 전환점이 된 것이다. 그 뒤 취직을 했고, 직장에서 인정받는 직원으로서 꿋꿋하게 살아 나갈 수 있었다.

제삿날 있었던 일은 우연일지도 모른다. 보는 사람에 따라서는 다른 관점에서 볼 수도 있다. 하지만 이때의 경험은 어머니 말씀으로만 전해 듣던 아버지를 피부로 느낄 수 있는 계기가 되었다. 사람들 대부분에게 존재하는 아버지가 내게 없다는 사실, 한 번도 보지도 만지지도 못했다는 사실은 어릴 적에 나를 참 많이 속상하게 했었고, 때로는 위축되게 만들었다. 아버지 손을 잡고 다니는 아이들을 거리에서 마주칠 때마다 느꼈던 부러움을 겪어 보지 않은 사람은 가늠할 수 없을 것이다.

정말 아버지가 궁금했고, 만나고 싶었고, 만져 보고 싶었다. 어머니가 아무리 좋은 이야기를 들려주셔도 단 한 번의 만남보다 나을 수 있을까. 단 한 번이라도 아버지를 만날 수 있다면, 단 한 번이라도 내 얼굴을 보며 손을 잡아 주신다면 얼마나 좋을까…….

아버지에 대한 간절함이 컸기에 나는 어머니가 들려주는 아버지 이야기를 듣는 족족 몸으로 흡수했다. 귀로 들은 것이 아니라 온몸으로 느끼고 세포 하나하나 사이로 집어넣었다. 아버지가 하셨다는 행동과 말씀을 그대로 따르려고 애썼고, 내 행동에서 그것이 고스란히 나타나기를 바랐다. 여기에 제사 때의 경험이 더해져서 아버지는 내게 숨 쉬며 살아 있는 존재가 되었다.

아버지의 씨앗 없이 어떻게 우리가 태어났을 것이며, 아버지 없이 어찌 세상에서 남자로 또는 여자로 살아갈 수 있겠는가. 그래서 우리는 아버지에게 잘해 드려야 한다. 진심으로 마음을 다하고 노력을 기울여야 한다. 또한 아버지라는 존재가 그토록 위대하기에 아버지 이름으로 살고 있는 우리도 좋은 아버지가 되어야 한다. 세상에 좋은 아버지들이 많아질수록 우리 사회가 좀 더 건강한 영향력으로 서로에게 희망과 기쁨과 행복을 가져다줄 것이라고 믿는다.

나는 이 책을 쓰면서 정말 수도 없이 아버지를 떠올렸다. 자랑도 하고 싶었고, 괴로워 울고도 싶었을 때에는 더욱 그러했다. 매 순간 삶이 호락호락하지 않음을 느꼈기 때문이다. 나는 얼굴 한 번 보지 못한, 냄새조차 맡아 보지 못한 그리운 아버지에게 가장 먼저 이 책을 전해 드리고 싶다.

Chapter. 5

자식 위한 한평생,
어머니

{ 슬픈 일이 닥칠 때마다 "왜 이런 일이 나에게 일어났을까?"라고
질문하지만, 기쁜 일에도 질문하지 않는다면 자격이 없다. - P. S. B. }

어찌된 영문인지 지천명의 나이가 되었는데도 어머니 없는 세상을 상상할 수가 없다. 분명 나뿐만은 아닐 것이다. 누구에게나 어머니는 정신적 지주 역할을 하는 존재가 아닐까 싶다.

가끔 회사 일이 안 풀리고 앞이 막막할 때면 일부러 어머니를 찾아가 바느질하시는 앞에 겸연쩍게 책상다리를 하고 앉는다. 일부러 밝은 표정으로 대화를 건네도 아들 목소리만 듣고도 힘든 상황을 꿰뚫고 계신 듯 눈도 안 마주치고 말을 건네신다.

"사람 상대하기가 제일로 힘들다. 아무리 힘들어도 밥은 잘 먹고 자기 중심을 잡아야 후일을 도모할 수 있다. 지나가면 아무것도 아닌 것들이 대부분이니 흔들리지 마라."

사람 만나는 일을 하는 나로서는 어머니가 말씀하시는 한두 마디가 위안이 된다. 시간이 멈춰진 듯 느리게 대화가 오가면 언제 그랬냐는 식으로 다시금 힘이 생기곤 한다. 전지자(全知者)가 따로 없다. 바로 어머니가 전지자다.

초등학교 시절에 소풍을 가거나 운동회를 할 때면 엄마가 따라오는 아이들이 그렇게 부러울 수가 없었다. 남편 없이 생존과 두 남매 양육을 떠맡으신 어머니는 소풍이나 운동회 같은 학교 행사가 있으면 늘 친구의 어머니에게 부탁을 해서 다른 가족 곁다리로 낄 수 있도록 배려를 하셨지만, 내게는 가시방석이었을 뿐이었다. 그러다 5학년 운동회 날에 어머니가 말씀하셨다.

"엄마가 시간 좀 내서 밥해 갈 테니 기다리렴."

한 번도 학교에 오시지 않던 어머니가 오신다는 말에 어린 나는 완전히 세상을 얻은 듯했다. 하늘을 나는 기분으로 운동회는 시작되었다. 오색 풍선에 어머니가 만들어 준 오자미를 준비해 가서 청군, 백군으로 나뉘어 박을 터트렸다. 어머니를 기다리는 내 가슴은 흥분으로 가득 차 있었지만 오전 시간이 다 흘러가도 어머니 얼굴은 보이지 않았다. 오전의 마지막 순서였던 100미터 달리기 때에는 다섯 명이 함께 뛰며 1등부터 3등까지는 손등에 도장을 받았는데, 어머니께 보여 드리려고 반드시 1등을 하겠다는 투지에 불타올랐다. 출발선에서 골인 지점과 교문을 번갈아 살펴보았지만 어머니 모습은 보이지 않았다. 그래도 도장을 받아 놓으면 자랑은 할 수 있었기에 악착같이 뛰었다. 결국 2등을 했다. 완벽하지는 못했지만, 내심 뿌듯했다.

곧바로 점심시간 종이 울렸다. 아이들은 운동장 가장자리로 가족들과 함께 삼삼오오 흩어지기 시작했고, 가져온 음식들을 펼쳤다. 그

때까지도 어머니는 보이지 않았다. 고개를 푹 숙이고 처진 어깨로 교문 밖까지 나와 길목을 쳐다보았지만 어머니는 없었다. 점심시간이 다 끝나 갔고, 마음은 어둡고 무겁게 가라앉아 갔다. 그때였다. 나를 부르는 목소리가 들렸고, 이마에 땀이 송글송글 맺힌 어머니 얼굴이 나타났다.

시장바구니를 들고 집에서 네 정거장이나 되는 거리를 달려오셨음이 분명했다. 시간이 촉박했지만, 그래도 기뻤다. 괜히 눈시울이 뜨거워졌다. 남들은 거의 끝나 가는 식사 시간에 우리는 비좁은 빈 공간을 잡아 자리를 깔았다. 그러고는 시장바구니에 담겨 있는 음식을 꺼내려는데 그만 옆 사람과 부딪히고 말았다. 시장바구니에 있던 음식이 쏟아졌다. 음식을 못 먹게 된 것이 문제가 아니었다. 다들 김밥과 음료수를 가져왔지만, 어머니는 뚝배기에 된장찌개를 해 오신 것이다. 뚝배기가 쏟아져 된장찌개가 흘러내렸고, 나는 그 상황이 창피했다. 그냥 피하고 싶은 마음뿐이었다. 철없는 나는 달리기 2등을 자랑할 틈도 없이 창피한 마음에 안 먹는다고 신경질을 내며 먹는 둥 마는 둥 했다. 어머니와 다정하게 점심을 먹을 줄 알았던 내 상상은 처참히 무너졌고, 어머니는 조금이나마 남아 있는 음식으로 억지로 식사를 끝내고 상황을 수습하느라 정신이 없었다.

어머니는 오후 운동회를 구경도 못하고 다시 일터로 떠나셨다. 분명히 나를 위해 어렵게 오셨을 텐데 내 마음은 창피하고 무겁고 불편했다. 오후가 어떻게 지나갔는지 전혀 기억이 나지 않는다.

운동회 직후 집으로 터벅터벅 들어갔다. 그래도 달리기 2등을 자랑할 사람은 어머니밖에는 없었기에. 일을 마치고 돌아와 안방에서 새우잠을 주무시는 어머니 모습이 눈에 들어왔다. 웅크리고 주무시는 어머니 입에서 신음 소리가 흘러나왔다. 아마 아들에게 따뜻한 밥과 된장찌개로 점심을 먹이려고 그날 더 열심히 일하셨을 것이다. 눈물이 났다. 소풍이건 운동회건 와 본 적이 없었으니 운동회 때 된장찌개를 가지고 오셨는지도 모른다. 그때는 그 상황이 싫었다. 하지만 조금씩 철이 들어가면서 그때의 기억이 새롭게 다가왔고, 어머니의 정성을 생각하면 마음이 짠했다. 철없는 아들은 남의 시선을 의식했지만 어머니는 끝까지 아들 기분을 살펴 주셨다.

바느질을 하셨기에 내가 학교에 입고 가는 옷을 대부분 직접 만드셨다. 지금 생각해 보면 핸드메이드(hand made), 그러니까 고급 수제 의상과 무엇이 다를까 싶지만 그때는 그 옷들이 부끄럽고 창피했다.

나이가 50이 다 된 지금은 80이 되신 노모에게 수제 한복을 부탁하곤 한다. 취미 겸 봉사 활동으로 하는 한국무용에 입을 도포를 얻고 싶어 요청하는 것이다. 우연찮게 어머니의 솜씨를 접하고 외국에서 찾아오는 단골들도 있지만, 이제는 어머니 몸이 예전 같지 않아 그 요청을 다 받아들이기가 어려우시다. 세월이 참 무상하다.

태어난 지 3개월밖에 되지 않은 나와 네 살 위 누나를 남기고 갑작스럽게 남편이 떠났으니 어머니의 고생은 이루 말할 수 없었다. 주변에서는 재혼을 권유했지만 어머니는 우리 남매를 생각해 거절하셨다.

가난한 살림 속에서도 어머니는 자식 교육에 꿋꿋하셨다. 이른 아침이면 함석 쟁으로 만든 가게 문을 항상 내게 열게 하셨고, 동이 트기 전에 집 앞마당을 반드시 쓸게 하셨다. 어쩌다 눈이 오는 날이면 더욱 일찍 깨워 마당을 쓸게 하셨다. 사람들이 눈을 밟아 미끄러지면 안 된다는 이유 때문이었다. 당시에는 정말 귀찮고 짜증이 났지만, 그렇게 훈련받은 결과 나는 완벽한 '아침형 인간'으로 만들어졌다. 나이가 들어 생각해 보니 이보다 더 좋은 유산이 어디 있겠는가.

하루는 내가 콩나물을 사러 심부름을 다녀오면서 거스름돈으로 아무 생각 없이 사탕을 사 먹었다가 어머니에게 불벼락을 맞았다. 내 것과 남의 것을 분명히 구별해야 하고, 아무리 갖고 싶어도 내 것이 아닌 것에 절대로 욕심을 부리면 안 된다는 사실을 이때 배웠다.

어릴 때에는 어머니가 홀로 생활하심이 당연하게 여겨졌지만, 내가 결혼을 하고 자식 셋을 키우다 보니 처절했던 어머니의 생존 투쟁에 고개가 절로 숙여진다. 배추를 팔고, 국수를 뽑아 팔고, 기름을 짜서 집집마다 다니면서 파는 일을 하시다가 미래를 생각해 오래도록 할 수 있는 기술을 배워야겠다는 생각에 한복집을 전전하며 어깨너머로 배워 한복을 만들기 시작했고, 이 일이 45년을 넘게 이어지게 되었다.

지금은 어머니의 고생이 가슴 뭉클하게 다가오지만, 어릴 때의 나는 정말 철이 없었다. 중학교 때에는 독서실 간다고 거짓말하고 롤러스케이트장을 다녔고, 불량 서클에 참여한 적도 있었다. 어머니로서는 애끊는 심정이었을 테지만 담담하게 타이르셨다.

"네 인생을 아깝게 소진하지 마라. 아무도 너를 대신할 수 없다."

"오늘 하루도 네 인생이다."

어머니가 참고 기다려 주신 덕분에 나는 자연스럽게 탈선 현장에서 벗어날 수 있었다. 어머니가 살아온 세월을 생각하며 이러면 안 되겠다는 자각을 하게 되었고, 열심히 공부해서 진학을 하고 졸업해서 취업을 할 수 있었다.

일찌감치 돌아가셨지만, 늘 곁에 있는 듯이 남편을 의지하고 사셨던 어머니는 지금도 새벽 4시면 가족의 안녕과 건강을 비는 108배 기도로 하루를 시작하신다. 이 때문에 우리 가족은 지금도 행복한 비둘기 집 같은 모습으로 살아가고 있는지도 모르겠다. 언젠가 우리 모습에서도 어머니에게서 나는 향기가 느껴지기를 소원해 본다.

가족회의 진행 양식

3월 가족회의록

날짜 : 2015. 03. 01. 일요일

실행 철저 / 절대 존대 / 경청 우선 / 역할 분담 / 안건 중심 – 민형이 존대 반칙 최다 3회로 아이스크림!

I. 칭찬하기	아빠에게	엄마에게	민형에게	민지에게	현우에게
아빠가		짜증 안 내기로 지난주 결심한 점	아침을 잘 챙겨 먹음		108배 108일 달성 축하!
엄마가				엄마의 짜증에도 심부름 즉각 잘 해줌	
민형이가	밤마다 학교 픽업 감사				자기 할 일 완벽함
민지가		바지 사 주셔서 감사			
현우가	어린이 말타기 놀이 감사	코스트코에서 시식시켜 줘 감사	청소 중에 장난치고 놀아 주어 감사	수학 과격하게 가르쳐 주어서 감사	

II. 일정 공유	1	2	3	4	5
가족 일정	3/7 아빠 세족식	3월 할머니 백내장 수술			
아빠 일정	3/6 목 디스크 1박 입원	3/22 소리랑 사산체			
엄마 일정	3/11 서울대병원 산부인과	3/22 시골 상품리 모임			
민형 일정	일요일은 깨우지 마삼				
민지 일정	3/9 친구 생일 선물				
현우 일정	3/2 입학식(1-5반)	3/12 치과 치료			

III. 안건 토의		
안건 1	현우 바둑 강습	아빠의 바둑판 사 주기, 교통편 협의, 현우는 2개월 동안 시도 후 결정
안건 2	엄마 주중 등산	월수금은 9~4시까지 등산 결심(with 연우 엄마, 처제, 아빠)
안건 3	현우의 보안관 역할	가족회의 시 '절대 존대' 안 지키는 사람 체크하여 최다자 선정 벌칙 역할
안건 4	아빠 세족식	외식 메뉴 엄마가 취합하여 정하고 외식후 세족식(아빠는 선물 기대)
안건 5	다음 가족회의	3/29 일요일

IV. Review		
안건 1	봄맞이 대청소	생활 공간 1층에서 2층으로 옮기고 봄맞이 대청소!
안건 2	엄마의 건의 사항	아빠에게 : 주중은 열심히 일하고 토요일은 저녁 함께, 일요일은 무조건 가족과 함께!
안건 3	민지 용돈 프로그램	매주 받던 용돈 매월 가족회의 시 받기로 합의
안건 4	현우 입학 전 가정교육	인사 바르게, 물건 제자리, 자신의 할 일

sign	아빠	엄마	민형	민지	현우
			박민형	탁민지	탁현우

가족회의 발언록

축약본

I. 시작

아빠: 자! 2015년 3월 가족회의를 시작하겠습니다. 먼저 가족회의의 규칙을 다시 한 번 알려 드리겠습니다.

가족회의는 우리 가족 최고, 최선, 최대의 의사 결정 기구임으로 결정된 사안은 반드시 실행이 수반되어야 합니다. 두 번째로 회의 시간만큼은 절대적으로 존대를 해야합니다. 세 번째는 다른 사람들이 발언을 할 때는 끝까지 인내심을 가지고 경청을 해야 하며, 말하는 사람은 안건을 중심으로 핵심 위주로 짧게 말씀해 주시기 바랍니다.

II. 칭찬하기

아빠 : 그럼 칭찬부터 하겠습니다. 누구부터 칭찬을 하겠습니까?

현우: 아빠를 칭찬합니다. 아빠는 저랑 자주 놀아 줍니다. 어제도 어린이 말타기를 해 주었는데, 진짜 재미있었습니다.

민지: 제가 장난말로 드린 건데 바지를 사 주셔서 감사해요.

민형: 학교에서 심화 학습 끝날 때마다 아빠가 픽업해주셔서 아빠를 칭찬해요. 그리고 현우는 요즘 자기가 할 일을 완벽히 다 끝내는 것을 칭찬해요.

엄마: 민지는 제가 짜증을 내면서 심부름을 시켜도 너무 잘해 주어서 고마워요.

현우: 엄마가 그저께 코스트코 같이 데려가서 시식할 수 있어서 좋았습니다. 언니엄마(큰누나 민형이를 일컬음)는 청소하다가 나랑 놀아주어서 칭찬합니다.

아빠: 지난주 엄마가 아빠한테 이제 더 이상 짜증과 화를 안내겠다고 결심했다는 점을 칭찬합니다. 이건 엄청난 변화입니다. 그리고 작년 12월부터 시작한 현우의 108배가 어느덧 108일을 넘어섰습니다. 칭찬과 더불어 박수를 보냅니다.

현우: 민지 누나도 칭찬합니다. 민지 누나는 저한테 수학을 정말 과격하게 가르쳐 줍니다.

III. 일정 공유

아빠: 이제 3월 일정을 논할 시간이니, 다들 각자의 달력을 펼치세요.

엄마: 3월 11일 서울대 검진이 있구요, 22일은 시골 동창 모임이 있어요.

아빠: 3월 6일 아빠는 목 디스크 때문에 하루 입원해서 시술을 받아야 할 것 같은데, 아직 할지 말지 최종 결정은 안했으니 변수는 있습

니다. 그리고 22일은 소리랑 시산제가 있어서 수락산에서 한량무 한 자락 재능 기부를 할 예정입니다. 다행히 엄마가 모임이 있다니까 다행입니다. 그리고 할머니께서 3월 중으로 백내장 수술을 받으실 예정이니까, 모두들 알고 계시기 바랍니다.

현우: 3월 7일은 아빠의 세족식입니다. 제가 아빠 대신 발 씻겨드릴 겁니다. 그리고 저 입학합니다. 3월 2일입니다.

민형: 저는 3월 일요일은 제발 깨우지 말아 주셔요. 저 요즘 공부하기 너무 피곤합니다.

엄마: 현우는 12일 치과 치료하러 갑니다.

민지: 저는 학교 외에 특별한 일정이 없습니다.

IV. 안건 토의

아빠: 그럼 이제 안건으로 들어갑시다. 오늘의 안건은 현우의 바둑 강습과, 엄마의 평일 등산 결심, 그리고 아빠의 세족식 일정에 대해서 얘기를 나누겠습니다. 먼저 현우가 바둑을 배우겠다고 하니, 아빠는 대찬성이지만, 혼자 하는 것보다는 다른 친구들과 하는 것도 바람직해 보이는데, 도현이가 함께하면 어떨까요?

엄마: 안 그래도 바둑 강습이 4명이 한 팀이 되면 강습비도 할인되고, 교통편까지 제공할 수 있다고 해서 4명을 모집하고 있는 중입니다. 현우 단짝인 도현이하고 수지 그리고 연우가 했으면 하는데, 연우는 시간이 안 된다는군요. 한 명이 되는 대로 시작할 예정입니다.

아빠: 현우가 바둑을 배워서 가족들한테 가르쳐 줄 수 있으면 참 좋

겠습니다. 기초부터 차근차근 말이죠. 아빠는 현우를 지원하기 위해 바둑판을 사든지 구해 보든지 하겠습니다.

민형: 오목부터 가르치나요?

아빠: 현우의 바둑 강습은 엄마에게 맡기고 다음은 엄마의 주중 등산입니다. 엄마가 기특하게도 주중에 세 번 정도 가까운 아차산 등반을 습관으로 하겠다고 선언했습니다. 아주 예쁜 생각이니 자세한 이야기를 들어보죠.

엄마: 네, 생각해봤는데, 자꾸 움직여야 할 것 같고 해서 현우가 미술하고 축구하는 날 4시면 끝나니까 현우 데려다주고 바로 산에 갔다가 시간 보내고 4시에 데리러 가면 될 것 같습니다.

민형: 혼자 다니시나요? 누구랑 갑니까?

엄마: 하루는 연우 엄마랑, 하루는 소정이 이모랑, 하루는 아빠랑 갈 겁니다.

아빠: 그렇다면 아빠는 평일 중 오전 반나절을 비워 보도록 조절해 보겠습니다. 담주 중 엄마랑 따로 차 한잔 마시면서 얘기해보도록 하지요. 참, 이번주부터 현우의 가족회의 역할을 주도록 하겠습니다. 민지 누나가 담당해 왔던 보안관 역할을 이제부터 현우가 합니다. 누가 존대말을 안 쓰는지 숫자를 세어 회의가 끝나고 나면 가장 많이 한 사람을 알려 주시고 벌칙을 주는 역할입니다.

민형 : 현우한테 잘 보여야 하는 거군요.

현우 : 언니엄만 벌써 두 번입니다. 끝나면 아이스크림 사십시오.

V. Review

아빠: 이렇게 안건을 끝내도록 하고, 지난달 안건을 잠깐 리뷰해 보겠습니다.

봄맞이 대청소 하자고 했던 안건은 예정대로 진행되었고, 민지가 그동안 고집했던 용돈을 굳이 매주 받겠다고 했던 것을 매월 가족회의가 끝나면 언니랑 똑같이 받겠다고 해서 오늘부터 매월 가족회의 끝나고 드리도록 하겠습니다. 민지는 53,000원이고, 언니는 교통비 포함 100,000원입니다. 현우가 지난 12월 말부터 해 온 입학 전 가정교육 세 가지에 대한 평가가 있었는데, 이제 졸업을 해야 할 것 같습니다. '인사 바르게/물건 제자리/자신의 할 일' 세 가지가 비교적 잘 지켜지고 스스로 할 수 있겠다는 평가를 받은 만큼 앞으로는 해야 할 일들까지 스스로 정해서 할 수 있기를 바랍니다. 언제든지 도움을 요청하면 아빠는 언제든 도와 드리겠습니다. 이로서 3월 가족회의를 마치도록 하겠습니다. 민지가 기록한 회의록 출력되면 바로 사인들 하시고 엄마는 냉장고에 해야 할 일들을 붙여 주시기 바랍니다.

VI. Closing

아빠 : 마지막으로 현우 보안관님! 누가 존칭을 가장 안 쓰셨나요?

현우 : 언니엄마가 3번이고 아빠와 엄마, 민지 누나가 한 번씩이니까 언니엄마가 1등입니다. 저는 아이스크림을 먹고 싶습니다.

아빠: 그럼 민형이는 하드 다섯 개 사오세요. 아빠는 비비빅입니다. 끝~.

아빠 요리 레시피

아빠 요리 메뉴판과 함께 10가지 요리 레시피를 공개한다. 아빠 요리 레시피는 대부분 냉장고에 남아 있는 식자재만을 이용해 만들거나 상상한 바를 요리로 실현해 보기 때문에 특정 레시피가 있다기보다는 그때그때 재료와 방법이 바뀌는 경우가 많다. 따라서 약간의 재료 변경은 불가피하며, 맛 또한 늘 다르다. 중요한 점은 요리하는 과정과 먹는 과정을 소통 이벤트로 확장 승화시키는 것이다.

 ## 1. 한입버거(달걀 프라이를 곁들인 작은 햄버거)

냉동 달걀, 식빵 또는 크래커, 딸기, 키위, 오이, 상추, 얇게 썬 등심

1. 달걀을 냉동실에 얼린 뒤 냉동된 달걀을 물에 씻으면서 껍질을

벗긴다.

2. 깐 달걀을 흰자만 있는 양 끝을 잘라 내고 3~4등분한다.

3. 식빵 가장자리를 잘라 내고 4등분한다. 식빵이 없으면 크래커를
이용한다.

4. 달걀을 프라이하고 등심도 구워서 잘라 놓은 식빵(크래커) 크기
로 자른다.

5. 딸기와 키위, 오이도 잘라 놓은 식빵(크래커) 크기에 맞춰 썰어
놓는다.

6. 식빵(크래커)과 식빵(크래커) 사이에 준비한 재료를 적당한 순서
로 배치한다.

7. 접시에 올려놓는다.

Tip • 요리 전에 달걀 하나로 꼬마 프라이 3개를 만들 수 있는지 내기를 한다.

 **2. 대디샌(아빠가 좋아하는 야채샌드위치)**

식빵, 케첩, 새송이버섯, 청양고추, 달걀, 당근, 파, 양파, 깻잎,
토마토, 버터(또는 마가린)

1. 파, 양파, 청양고추, 당근을 잘게 썰어 달걀에 풀어 식빵 크기로
부친다.

2. 넓게 자른 새송이 버섯을 프라이팬에 버터나 마가린으로 굽는다.

3. 식빵은 가장 마지막에 바삭할 정도로 오븐에 굽는다.

4. 식빵에 깻잎을 얹고 버섯 2~3조각을 올리고 토마토와 부친 달
   걀을 올린다.

5. 그 위에 케첩을 뿌리고 다시 깻잎을 덮고 식빵을 덮는다.

6. 접시에 데코레이션 한다.

> **Tip**
> • 매운맛을 잘 견딜 각오를 하고 먹기 시작한다.
> • 청양고추 양으로 매운 정도를 조절한다.

 ### 3. 마라복(마구잡이 라볶이)

> 떡국용 쌀떡, 라면 사리, 대파, 양파, 고추장, 고춧가루, 어묵,
> 군만두, 배추, 삶은 달걀, 프랑크소시지, 물엿

1. 고추장 한 스푼과 고춧가루 반 스푼 그리고 물엿 두 수푼을 넣고
   끓인다.

2. 떡국용 쌀떡이 물에 담길 정도로만 물을 넣고 센 불로 끓인다.

3. 사선으로 자른 프랑크소시지와 배추, 양파, 삶은 달걀을 적당한
   크기로 썰어 넣는다.

4. 만약 만두나 어묵이 냉동 상태라면 해동한 뒤 익혀서 넣어 준다.

5. 라면 사리는 미리 살짝 익혀 놓고 마지막에 파와 함께 넣는다.

Tip ・ 마라복은 요리한 프라이팬이나 냄비를 가운데 놓고 앞 접시에 각자
떠 먹으면 좋다.

 ## 4. 고치밥(고추장김치볶음밥)

밥, 고추장, 송송 썬 김치, 깨소금, 참기름, 달걀 프라이 반숙,
새우, 김 부스러기

1. 송송 썬 김치와 고추장 한 숟가락을 섞어 프라이팬에 볶는다.

2. 김치가 어느 정도 익으면 밥과 함께 참기름을 넣고 볶는다.

3. 간은 김치 국물의 양으로 맞추면 된다.

4. 그릇에 볶은 밥을 담고, 달걀 프라이 반숙을 얹는다.

5. 깨소금과 새순 그리고 김 부스러기를 뿌린다.

Tip ・ 국으로는 쉽게 할 수 있는 어묵국이나 달걀국을 끓이면 된다.
・ 무엇보다 김치가 잘 익었을 때 맛이 난다.

 ## 5. 고야밥(고기야채볶음밥)

1. 불고기용 쇠고기를 잘게 썰어 아무런 간 없이 프라이팬에 살짝 볶는다.
2. 당근, 호박 같은 야채를 잘게 썰어 버터에 볶는다.
3. 야채가 익을 즈음 밥을 넣고 잘게 썰어 놓은 깐 새우와 게맛살을 넣고 볶는다.
4. 간은 허브맛 소금으로 하고, 달걀 프라이를 반숙한다.
5. 볶음밥을 그릇에 담고 달걀 프라이 반숙으로 덮어 준다.

Tip • 국물로는 물김치, 나박김치가 좋고, 김치를 곁들여도 좋다.
• 먹기 전 시식 소감이 가장 빈약한 사람이 설거지할 것을 제안한다.

 ## 6. 어굴소면(어묵굴소면)

1. 소면은 미리 삶아 놓는다. 대파를 썰어 달걀에 풀어 놓는다.

2. 물에 어묵과 무와 굴을 넣고 끓이다 마지막에 풀어 놓은 달걀을 넣는다.

3. 어묵 굴 국물에 소면을 넣고 오이, 새순, 김 부스러기 등을 올린다.

4. 김치를 곁들인다.

Tip　• 멸치 국물이 없을 때 국수를 해 먹기 좋다.
　　　• 어묵을 소면처럼 길고 얇게 썰기가 중요하다.
　　　• 어묵과 굴의 비린 맛을 좋아할수록 반응이 좋다.

 **7. 깻치밥(깻잎김치김밥)**

김, 밥, 잘 익은 포기김치, 햄, 게맛살, 깻잎, 깨소금

1. 따뜻한 밥에 깨소금을 넣어 김밥 준비를 한다.

2. 김을 깔고 그 위에 밥을 얹는다.

3. 밥 위에 깻잎을 두 장 정도 깐다.

4. 깻잎 위에 국물을 짠 포기김치를 길게 펼쳐 놓는다.

5. 김치 위에 햄과 게맛살을 놓는다. 없으면 안 넣어도 그만이다.

6. 김밥을 말아 썰어서 접시에 올려놓는다.

Tip　• 김밥에는 따뜻한 김치콩나물국이 제격이다.

 ## 8. 레이디브런치(중고생 두 딸을 위한 치즈수프빵)

1. 흰 우유 적당량을 함께 넣고 수프를 끓인다.
2. 자르지 않은 식빵을 두 입에 먹을 만한 적당한 정육면체 크기로 썬다.
3. 버터를 두른 프라이팬에 달걀 묻힌 식빵의 각 면을 살짝 굽는다.
4. 식빵의 한 면 위에 잘게 자른 치즈를 얹는다.
5. 구운 식빵을 접시에 2단으로 올리고 끓인 수프를 흥건하게 뿌린다.
6. 후추를 살짝 뿌려 마무리하고, 식빵을 수프에 찍어 맛있게 먹는다.

Tip • 식빵 한 조각을 먹을 때마다 아빠가 모르는 이야기 하나씩을 하게 한다.

 ## 9. 34꼬치구이(막내를 위한 삼겹살사과꼬치구이)

1. 사과를 새끼손가락 크기로 썰어 놓는다.
2. 새송이버섯을 넓고 얇게 잘라서 살짝 익혀 놓는다.
3. 사과를 버섯으로 말고 다시 대패삼겹살로 말아 3~5개씩 꼬치에

꽂는다.

4. 불고기 소스를 꼬치에 바르고 오븐이나 화로에 적당히 굽는다.

Tip • 아빠에게는 안주로! 막내에게는 간식으로!
묵찌빠로 이긴 사람이 먹기로 한다.

 **10. 올리브를 위하여(아내를 위한 시금치샐러드)**

시금치, 새송이버섯, 당근, 햄, 콜슬로드레싱, 청양고추,
게맛살, 허브맛 소금

1. 시금치와 새송이버섯을 아주 살짝 데친다.

2. 햄과 당근을 얇고 길게 쓸어 프라이팬에 볶는다.

3. 살짝 데친 시금치와 새송이버섯, 볶은 햄과 당근을 보기 좋게 접
시에 담는다.

4. 게맛살을 손으로 잘라 잘게 썬 청양고추와 함께 위에 얹는다.

5. 그 위에 콜슬로드레싱과 허브맛 소금을 살짝 뿌린다.

Tip • 아내와 둘이 자녀들을 약올리며 와인 한 잔으로 분위기를 낸다.

우리 집 부엌은 일요일이면 아빠 카페로 변신한다. 그동안 내가 만들었던 아빠 요리 메뉴 가운데 엄선한 간식류와 식사류 메뉴판을 공개한다.

아빠 카페 메뉴

F$(Father Dollar): 아빠 달러

1F$(뽀뽀)

5F$(안마)

10F$(도우미)

30F$(설거지)

50F$(심부름)

부침개류

파전	2F$
김치전	2F$
부추전	2F$
고추전	3F$
배추전	3F$
호박굴전(호박 위에 굴)	5F$

국수류

물국수	5F$
김치비빔국수	5F$
어굴소면(어묵 굴 국물에 소면)	7F$
골뱅이소면	10F$
마라복(마구잡이 라볶이)	10F$

샌드위치류 / 빵류

한입버거(초소형 프라이와 햄버거)	11F$
대디샌(야채샌드위치)	10F$
레이디브런치(치즈수프빵)	12F$

복음류

야채볶음밥	11F$
김치볶음밥	11F$
고치밥(고추장김치볶음밥)	12F$
고야밥(고기야채볶음밥)	13F$
주굴밥(주꾸미굴볶음밥)	15F$
오징어볶음	11F$
감자볶음	5F$

김밥류

맨김밥(김에 쌀밥과 간장) ······ 1F$

야채김밥(냉장고 사정에 따라) ······ 2F$

참치김밥 ······ 3F$

깻치밥(깻잎김치김밥) ······ 3F$

엄마김밥 ······ 5F$

샐러드류

올리브를 위하여(시금치샐러드) ······ 35F$

구이류

삼겹살구이 ······ 30F$

쇠고기구이 ······ 50F$

34꼬치구이(삼겹살과 사과말이꼬치) ······ 56F$

새우구이 ······ 25F$

오징어버터구이 ······ 11F$

고구마/감자구이 ······ 7F$

떡구이(꿀과 함께 제공) ······ 5F$

비빔밥류

콩나물밥 ··· 20F$

굴밥 ··· 25F$

카레밥 ··· 30F$

찌개류 / 국류

두달된장찌개(두부, 달래) ································· 7F$

김치찌개(돼지고기 선택) ································· 12F$

어묵국 ··· 8F$

굴국 ··· 10F$

된장국 ··· 5F$

달걀국 ··· 3F$

기타

김마키 ··· 15F$

새우튀김 / 쥐치튀김 ··· 30F$

돈가스 ··· 35F$

바로 써 먹는 아빠놀이

어린 자녀들을 둔 아빠들을 위해 아빠 놀이 10가지를 부록에 싣는다. 열 살 미만인 자녀들과 함께할 수 있는 아빠 놀이는 부지기수다. 반대로 자녀와 놀아 줄 수 있는 시간은 극히 한정적이며 화살처럼 지나간다. 그러나 마음만 먹으면 얼마든지 자녀와 놀아 줄 수 있다. 즉석에서 창작할 수도 있고, 놀다가 창의적인 놀이를 응용할 수도 있다. 자녀들과 시간을 보내면서 이왕이면 규칙을 가지고 놀아 줄 마음만 먹으면 준비는 끝난 것이다. 이제 바로 즐길 수 있는 아빠 놀이 몇 가지를 살펴보자.

3~8세 / 신체 놀이 / 남자 아이 /
아빠를 향해 돌진, 쓰러뜨림으로써 성취감 만끽

1. 아빠는 베개나 이불을 배에 끌어안고 앉아서 팔을 벌리고 아이를 기다린다.

2. 아빠의 "돌격" 신호에 따라 아이는 "앞으로"를 외치며 아빠를 향해 달려온다.

3. 달려오는 관성으로 아빠 품속에 안기며 아빠를 뒤로 밀어 넘어뜨린다.

4. 아빠는 넘어질 듯 안 넘어지기도 하고, 과장된 몸짓을 해 가며 넘어지기도 한다.

5. 아빠는 10회를 반복해서 50 : 50의 팽팽한 승률을 이끌어 간다.

6. 아이가 승리하면 목마 태워 360도 회전, 아빠가 승리하면 간단한 심부름!

모든 놀이에는 항상 규칙이 있음과 그 규칙을 지켜야 함을 알려 주고 모범을 보인다. 아이가 제안하는 창의적 규칙 변경 요구에 아빠는 고민, 수정, 수용을 반복한다.

1. 잠잘 준비를 마친 뒤 아빠와 함께 침대(이부자리)에 나란히 눕는다.

2. 바라보이는 천장이 도화지가 되고, 그 천장 도화지에 상상의 나래를 펼친다.

3. 처음에는 아빠가 미켈란젤로가 그린 〈천지창조〉 그림 이야기를 간단하고 재미나게 해 준다.

4. 시작에 앞서 오늘의 주제를 함께 정한다. "오늘은 '바닷속 이야기' 어때?"

5. 주거니 받거니 번갈아가며 천장 도화지를 채울 아이디어를 낸다.

6. 아빠가 먼저 시작한다. "아빤 저 오른쪽 아래 구석에 해초를 그릴게!"

7. 허공에 그리는 아빠와 아이의 손은 훌륭한 붓이 되어 그림을 완성해 간다.

8. 아이는 "저는 저 위쪽에 물고기를 그릴래요!"라고 받아친다.

9. 아빠가 묻는다. "어떻게 생긴 물고기야?" "몇 마리지?" "크기는?"

10. 아이의 답변대로 허공에 그림을 그리고 나서 다시 번갈아 가며 화폭을 채운다.

상상 그림의 주제는 자녀가 책이나 경험을 통해 인지하는 세상으로 정하면 좋다. 예를 들어 시골, 교실, 놀이공원, 공부방, 채소 가게, 슈퍼마켓, 수영장 따위로 정한다. 이 과정에서 자녀의 생각을 엿볼 수 있으며, 아빠의 생각과 교감할 수 있다. 상상 그림은 훌륭한 창의적 훈련 과정이 된다.

 ## 3. 어린이 스피드퀴즈(스피드퀴즈의 어린이 버전)

1. 카드 10장에 매직펜으로 아이 수준에 맞는 낱말을 적어 준비한다.
2. 형제자매가 있으면 엄마와 형제와 함께 편을 나눠 팀워크를 고취시킨다.
3. 정해진 10개의 낱말을 어느 팀 또는 누가 더 빨리 맞추는지 승부를 낸다.
4. 시작 전에 팀별로 이름을 만들고 설명하거나 구호를 만드는 방법도 유익하다.

어린이 스피드퀴즈는 동영상으로 촬영해 두어 나중에 행사용으로 써먹기 좋다. 아이들의 재치발랄하고 경이로운 낱말 설명에 어른들이 깜짝깜짝 놀랄 것이다.

가족 여행에서 할 수 있는 단골 메뉴이며, 이웃과 교류를 할 때 가족 대항 행사로 최적이다.

 **4. 명탐정 코난(한글을 배우는 아이들에게 책 속 숨은 글자 찾기)**

1. 동화책을 꺼내 놓고 아이에게 명탐정 코난을 이야기하면서 탐정
   에 대해 알려 준다.
2. 쉬운 글자부터 지정해 책 속에서 찾도록 격려하며 숫자를 센다.
3. 찾으면 점수를 주고, 한 글자 찾기가 수월해지면 낱말로 넘어간다.
4. 한 번에 10개 정도 찾기가 적당하지만 집중력을 보일 경우 더 찾
   는다.

정해진 점수를 얻으면 좋아하는 놀이를 선택하게끔 해서 좀 더 놀
아 준다.

4~15세 / 이벤트 놀이 / 가족 /
아빠와의 애착을 두 배로 만드는 이벤트 놀이

1. 어느 한 방을 정하고 보물을 적은 쪽지를 미리 숨긴다.

2. 책꽂이, 액자, 식탁보, 꽃병, 베개 속, 장식장, 옷가지 등등을 활용한다.

3. 가족 모두를 참여시키고, 찾은 사람끼리는 거래와 협상도 가능하다.

4. 먹거리나 살 거리 소원도 좋지만, 부모와 함께 시간을 보내는 소원도 좋다.

5. 예를 들어 아빠와 만화 보기, 엄마와 게임하기, 가족 한 명과 산책하기 등이다.

6. 부모들이 걱정하는 게임과 텔레비전 시청 따위를 양성화할 수 있는 좋은 방법이다.

7. 시간은 정해 두고 하는 편이 이롭다. 숨기는 과정을 통해 아빠도 즐거움을 느낄 수 있다.

소원 목록은 평소에 아이들과 대화를 하면서 적어 놓은 것들이 소스가 된다. 적어 놓은 소원들과 숨긴 장소들은 숨기기 전에 미리 사진을 찍어 둔다. 못 찾은 소원들은 공개하되 다음을 생각해서 숨긴 장소는 공개하지 않는 편이 좋다.

모처럼의 공휴일에 아빠가 모임이 있어 밖에 나가야 한다면, 토요일 밤에 보물찾기 준비를 마치고 다음 날 외출해서 돌아오기 한두 시간 전에 미리 카카오톡 같은 SNS를 통해 보물찾기를 알리고 귀가할 때까지 찾도록 배려한다. 그러면 아빠의 미안한 마음과 가족들의 섭섭한 마음은 눈 녹듯 사라진다.

 ## 6. 어린이 말 타기(책 읽기를 친숙하게 해 줄 비법 놀이)

4~9세 / 책 놀이 / 모든 아이 /
웅크리고 엎드린 아빠의 등 위로 달려와 올라탄다.

1. 아빠는 웅크리고 엎드린 채로 시작 신호를 알리고, 아이는 달려와 올라탄다.
2. 아이가 올라타면 가위바위보를 하거나 묵찌빠를 해서 승부를 낸다.
3. 아이가 이기면 다시 말을 타고, 아빠가 이기면 동화책 한 쪽을 읽는다.
4. 아이가 글을 모르면 읽어 주고, 글을 알면 읽게 한다. 한 권을 읽으면 끝난다.

아빠는 말 타기보다 책 읽기에 신경을 쓰며, 최대한 이야기 속으로 빠져든다. 아빠는 다음 쪽에는 어떤 내용이 있을지 궁금증을 표현하면서 드라마처럼 조바심을 낸다. 만약 아이가 책 읽기를 너무 좋아하면 규칙을 거꾸로 하거나 달리 정한다. 물론 읽은 책에는 책등에 스티커를 붙여 둔다. 말 타기의 높이는 아이의 능력과 키에 따라 맞춰 주는 센스!

 **7. 풍선 차기**(청소나 설거지 같은 심부름할 사람을 정할 때 안성맞춤)

1. 풍선 하나만 크게 불어 묶는다.
2. 발로만 차고, 어린 막내는 손도 이용할 수 있게 배려한다.
3. 시작! 모두가 숫자를 세어 가며 하면 긴장감이 증폭된다.
4. 아빠는 주머니에서 손을 빼지 않는 등의 규칙을 추가로 만들기도 한다.

처음 10회 정도는 연습으로 적응할 기회를 주며, 이때 상세 규칙을 조율한다. 결과에 승복하고 즐겁게 심부름을 하도록 미리 서로 약속을 한다.

8. 동화 나라 만들기(책과 친근해지게 만드는 유아 책 놀이)

1. 집 안 책장에 꽂혀 있는 동화책을 꺼내 탑을 쌓고, 성을 만들고, 집을 짓는다.
2. 규칙은 없지만 아이의 동화책 건축 실력에 추임새를 넣어 준다.
3. 적당한 타이밍에 책 한 권을 선택해 그 자리에서 아빠가 재미있게 읽어 준다.
4. 아이들은 금세 아빠 곁에 머물면서 책을 따라 읽든지 듣고 있게 된다.

아이가 만드는 책 구조물에 아빠는 이야기를 곁들여 말을 걸어 준다. 물론 읽은 책등에 스티커를 붙여 둔다.

9. 통나무 탈출(아빠의 다리는 통나무! 이제 탈출을 시도한다.)

1. 아빠는 눕고, 아이는 엎드린다.

2. 아빠는 아이의 허리에 다리 한쪽(또는 두 쪽)을 올려놓는다.

3. 신호와 동시에 아이는 탈출을 시도하고, 아빠는 유연성 있게 숫자를 센다.

4. 처음에는 쉽게 탈출할 수 있게 하다가 조금씩 다리에 힘을 주어 어렵게 한다.

5. 탈출에 성공할 때마다 아빠는 추임새를 넣으며 감탄과 격려를 연발한다.

과연 몇 초 동안에 아빠의 통나무 다리를 탈출하는지가 핵심이다. 아빠는 피곤하고, 아이는 놀아 달라고 할 때 좋은 아빠 놀이다. 가끔은 아예 탈출이 어렵도록 실패를 맛보게 하는 것도 요령이다.

10. 꼬마 강타자(양말과 신문지를 이용한 야구 놀이)

1. 평소 엄마를 도와 빨래를 함께 개고 나서 하면 좋은 놀이다.

2. 갠 빨래에서 양말을 말아 공을 서너 개 만든다.

3. 신문지 여러 겹을 넓게 펼쳐 둘둘 말면 훌륭한 야구 배트가 된다.

4. 아빠는 벽에 등을 대고 앉은 투수, 아이는 반대편에 서 있는 강타자가 된다.

5. 아빠는 아이가 양말 공을 맞힐 때마다 감탄과 격려 추임새로 응
   답한다.

아이와 함께 홈런과 안타, 파울과 헛스윙을 명확히 구별하는 규칙을 세운다. 배트에 맞히는 감각을 보며 아이의 재능을 감지할 수도 있다. 홈런을 칠 때마다 아빠에게 달려와 안길 수 있게 한다.

어린 자녀들과 아빠가 함께하는 아빠 놀이는 단순히 놀이로만 그치지 않는다. 놀이 자체가 주는 창의성, 인내심, 배려심, 규칙과 타협 등 수십 가지 인성과 사회성을 함양함은 기본일 뿐 아니라 놀이를 하는 과정에서 아이의 성격과 성향, 장단점과 강점 등을 파악할 수 있다. 더 나아가 자녀의 관심사와 앞으로의 계획을 함께 세워 나가는 데에서 자발적 주체성을 끌어내는 절호의 기회가 된다. 놀이는 양육의 필수적인 한 방편이며, 자녀와의 가장 중요한 소통 채널임을 상기할 필요가 있다. 화초에 물을 줘야 할 시기를 놓치면 안 되듯이 자녀와 함께할 수 있는 놀이 시기는 열 살 안팎으로 매우 짧은 시간에 한정되어 있음을 인식하고, 어린 자녀를 양육하는 부모의 필수 전공 과목으로서 즐겁고 활기차게 매진해야 할 필요가 있다.

우리 집 가족 산행지

가족과 함께라면 어디라도 좋다. 하지만 이왕이면 계단이 많지 않고 흙길이 많으며 경치가 좋고 그늘도 많은 곳, 게다가 오르는 길에 보물 찾기를 할 만한 적당한 공간이 있으며 하산한 뒤 먹거리도 있고 산행 시간이 3시간 이내일 경우면 가족 산행지로서 적격이라고 볼 수 있다.

 ## 1. 아차산(287m)

아내가 가장 좋아하는 부부 산책을 할 수 있고
점심 먹기에 딱 좋은 코스
코스 : 고구려대장간마을 – 대성암 – 아차산 4보루

- 조금 일찍 나서면 주차장도 확보되어 있고, 군데군데 휴식용 의자도 많다.

- 7부 능선쯤에 위치한 대성암 마당에 있는 의자에 앉는다.

- 그곳에 앉아 한강을 바라보는 맛은 거의 명상 수준이다.

- 아차산의 평평한 정상은 한강과 시내를 내려다볼 수 있는 가장 좋은 가족 산행 코스다.

- 같은 코스로 하산해서 대장간마을 입구에 있는 식당들을 찾는 재미도 쏠쏠하다.

- 다른 산에 비해 산세가 험하지 않아 비교적 부담 없이 오를 수 있다.

2. 불암산(507m)

- 지하철 4호선 당고개역에서 출발해서 아파트 사이로 진입하며 생각한다. '근처에 사시는 분들은 가까운 곳에 등산 코스가 있어 참 좋겠다.'

- 바위가 많아 보물찾기 장소 물색은 쉽지 않지만, 불암산의 바위를 손으로 딛고 발로 밟는 과정이 아이들에게는 마냥 즐거운 모양이다.

- 하산해서 당고개역에 있는 이름 있는 냉면집 맛을 보는 일도 재미 가운데 하나다.

 **3. 북한산 백운대(836m)**

막내 현우가 가장 즐거워하고 성취감을 느꼈던 코스

코스 : 도선사 – 백운대피소 – 백운대

- 도선사까지 차로 가거나 버스를 이용해 올라간다.

- 도선사까지는 아스팔트 길이라서 걷기를 추천하지는 않는다.

- 도선사 주차장에서부터 계곡을 타고 오른다.

- 비교적 가파른 코스이기는 하지만, 1~2시간에 백운대를 정복할 수 있다.

- 꼬마도 등산객들의 응원을 받으며 오를 수 있는 정상 최단 정복 코스

 **4. 청계산 이수봉(545m)**

어머니가 좋아하는 온통 흙길과 그늘로만 되어 있는 코스

코스 : 옛골 – 이수봉

- 순전히 흙길로만 되어 있어 가족 산행으로는 가장 좋은 곳이다.

- 이수봉 정상에서 볼 수 있는 경치가 그다지 멀리까지 보이지 않는다는 점이 단점이다.

- 하산한 뒤 옛골국수집에서 무제한 리필 국수를 맛볼 수 있다는 점도 이곳을 찾는 이유가 된다.

5. 마니산(486m)

- 가파른 돌계단을 피해 3시간 남짓 걸리는 나무 계단 코스 이용
- 정상에서 볼 수 있는 경치가 무척 좋고, 그야말로 에너지가 느껴지는 듯 오묘한 느낌!
- 해발이 낮은 편이지만 정상까지 오르는 산행이 의외로 만만치 않은 산이다.
- 하산해서 선두리 어시장을 찾는 일은 우리 가족의 즐거움이다.